石井ゆかり

星占い的時間

講談社

星占い的時間

さまざまな星、星座

占いの周辺

装幀　名久井直子
装画　Adrian Johnson

はじめに

何と出ました「第二弾」！　感無量である。
広い意味での文学作品をフックに、その時期の世の中と星を重ね合わせて語る、というかなり独特な連載を、再びまとめさせて頂けることになった。

星占いは「12種類の性格占い」「12種類の運勢占い」と思われる方も多い。しかし、実は星占いは天気予報のようなもので、まず「気圧配置」的な星の動きが存在する。同じ地球の上、同じ天の下に生きている私たちは、まとまりあるひとつの星の時代、星の時間を生きているのである。というのが、星占いの思想である。「天秤座の人は……」「牡羊座の人は今月は……」といった「各地の空模様」だけでなく、「今は世の中が全体的に、こんな星の時間です」という読み方ができるのである。この「読み」と、実際に世の中に起こっている出来事を照らし合わせて、毎月紡いできたエッセイを、ここにまとめた。

しかし、まとめるにあたって、ひとつ大問題が浮上した。

というのも、星占いは、未来の事を占うのである。ゆえに本作の元となった連載も、「「群像」発売日から、次の発売日まで」の時間を対象としていたのである。つまり、執筆時には、「読み手の「現在」に起こっている出来事」は、わからないのである。

前作ではまるっと削ったのだが、今回は単行本化するにあたり、「その時の星の動き」の記述を、ある程度残した。するとどうなるか。単行本化の改稿の際「実際、その時どんなことが起こっていたのか」という「答え合わせ」が発生するのである（！）。

間抜けなことに、改稿作業を開始するまで、私はこのことに気づいていなかった。過去のニュース記事等を遡り、星の動きと呼応していると思われるトピックを探した。果たして「未来の占い」が当たっていたのかどうか、ご検証いただく、というのも、本書の楽しみ方のひとつかと思う。

……と、これはもちろん、科学的な話ではない。折に触れてくり返し書いてきたことだが、星占いには、少なくとも今のところ、科学的な裏付けはない。「占いは統計だ」と主張する向きもあるが、今のところ、きちんとした統計学的手法で検証され有意な結果が出て、定説となった、という経緯はない。つまり本書の内容の大半は今のところ、よく言ってファンタジー、悪く言えばインチキである。「この時期はこの星の配置で、ちょうどその時こんな出来事が起こって……」という記述が本書にはたくさんあるが、たまさか当たったように見えるエピソードがあったとしても、あくまで「またイベントで雨が降った、雨男のあの人が来たからだな」程度の「思考」に過ぎない。偶然、またはこじつけなのである。

「その時の星の動き」と「この世の出来事」を重ね合わせて語ることは、しつこいようだが少なくとも今のところ（私はなけなしの科学的理性を振り絞ってこうくり返している）、よく言ってファンタジー、悪く言えばインチキである。こんな営為が果たしてあっていいことなのか、それとも、ありうべからざる邪悪なことなのか。私の中には常に、ほどきがたい葛藤が続いている。その葛藤の片鱗を、最終章に多少、書き込めたのではないかと思っている。

おそらく、本書を開いてまず、「自分の星座」のページから読み始める方が多いだろう。しかし、今回は12星座を均等に、まんべんなく描いてはいない。かなり偏っている。星座別の記述と考えると「自分の星座にまつわる記事が少ない！　不公平だ！」と感じられる向きもあるかもしれない。誠に申し訳ない。そこには、多少事情がある。

星占いには時計の文字盤たる12星座、そしてその上を巡る時計の針たる、太陽系の10個の星がある。

まず「時計の針」には、3日に1度は動いてくれる月もあれば、3年ほどしてやっと動いてくれる土星、15年以上もひとつの星座に居座る冥王星など、色々ある。本書では2022年から2024年頭を扱っているが、この間、土星はほぼ海王星と一緒に魚座にいたし、天王星は牡牛座に位置していた。また、冥王星は山羊座から水瓶座への移動を開始したところだった。ゆえに、魚座、牡牛座、山羊座、水瓶座にまつわる記述が多めになっている。2024年半ば以降は木星が入ったため双子座へのコメントが増えているし、2025年には蟹座の話ばかりしているだろう。2026年は土星と海王星がほぼ同時に牡羊座に入るので、多分牡羊座の話で持ちきりとなる。

また、月1連載であるから「月間占い」というスケール感なので、月間占いをする上で最も目立つ星・火星（2ヵ月弱で星座から星座に移動する。2年に1度は1ヵ所に留まる）にまつわる記述も、多めになっている。

そういうわけなので、連載や次回作以降も辛抱強くお読み頂ければ、いつか自分の星座やその支配星の「フィーバー」が来る可能性が高い、とは申し上げておきたい。

文学を手にするとき、私はその本と「一対一」になれると感じる。

周りのノイズから解放され、一対一の閉じた世界で、静かに、自由になれる。

その「一対一」の心静まる時間を、エッセイの中に解き放った、という感覚がある。

本書を読む方にも、もしかしたらそんな時間を過ごしていただけるかもしれない、と、密かに期待している。

前作に引き続き、まことにへんてこな一冊となったが、あなたに少しでも楽しんで頂けたなら、とてもうれしい。

12星座

牡羊座　―　正義の星座

〝（前略）アリストテレスは「霊魂は身体を専制的支配権に基づいて支配する」と述べているが、トマスによると、これは、反抗する権利を持たない奴隷を主人が支配するような仕方で、霊魂――人間精神――が身体を支配しているという意味である。（中略）人間精神の意のままに動く身体とは異なり、欲求能力は、理性の命令によって一方的に動かされるに留まらないような自律的な力を有している。〟

（山本芳久著『トマス・アクィナス　理性と神秘』岩波新書）

先日、タクシーに乗っていた時のことである。

窓の外をぼんやり眺めていたところ、ある建物の階段から、人が降りてくるのが見えた。と思ったら、その人が突然、段を踏み外して歩道に転げ落ちた。倒れて、なかなか立ち上がれずにいるようだ。車は信号で止まっており、歩道とタクシーの間にはもう一車線あって、他の車が止まっていた。とっさに、運転手さんに声をかけ、信号で曲がってもらい、その人を助けに行く、という案が浮かんだ。しかし、道はかなり混んでおり、混乱しそうだ。どうしよう、と迷っているあいだに信号が変わり、車は発進した。横断歩道から2、3人が渡っていくのが見えた。たぶんあの人達の誰かが、助けてくれるだろう。そう思って見過ごしてしまったが、後になって「119に電話すれば良かったのではないか？」という考えが浮かんだ。何もしなかった自分に、疑問と罪悪感が湧き上がった。なにができただろう。どうすべきだっただろう。

自分の中にたくさんの自分がいて、その中には善い自分も、悪い自分もいる。ちょっとしたことで善い自分が悪い自分に先んじることもあるが、たいていの場合は悪い自分に押し流されてしまう。こんな悩みを抱く人は少なくない。私自身もそのとおりで、更に言えば、「善い自分」は本当に善いのかという疑いを抱いたり、「悪い自分」と思い込んでいるものが本当に自分なのかと問いたくなったりすることもある。先のタクシーの時の話でいけば、「なにもしなかった私」は、「悪い」とまでは言えないかもしれないが、決して「善い」とは言えない。自分の都合を優先して、あるいはめんどうくさがって、手を差し伸べなかったからだ。

「専制的支配権」という言葉が自分自身の中にも成立しうるのか、ということが、引用部を読んで、新鮮に感じられた。自分自身の中にも政治的な仕組みがあって、たいていはそれらの「投票」で行動を決めているのかもしれない。が、時には面倒になって、複数いる自分の中の一人に、絶対的な権力を持たせてしまうことも、確かにできそうだ。それはつまり、「迷うのをやめる」ということだろう。考えるのをやめることだ。他の可能性を検討するのをやめることだ。

複数いる自分とは、この場合、「理性的な自分」「感情的な自分」「感覚的な自分」「直観的な自分」などと考えられそうだ。たとえば理性では「もう起きなければ、出かけるまでに全く余裕がない」と考えるが、感覚は「もう少し寝ていたい」とぐずつく。数分して直観的に「もうヤバイだろう！」と気づいて飛び起きる。焦りと後悔の感情が湧き上がる。

多分、理性を優先させて感覚や感情に打ち勝つことが「善」だろう。頑張っているいい人、正しい人は、どんなに眠くても、決めた時間にちゃんと起きる。絶対に流されない。まことに卑近な例だが、理性の「専制的支配」とはたとえば、そういうことだろう。

しかしトマスは、理性の「専制的支配権」を肯定しない。「人間精神全体が善い在り方をするためには、理性のみが善い在り方をするのでは充分ではなく、「自らの固有の運動」を有する欲求能力もまた善い在り方をして理性と協働する必要がある」と考えるのである。先の例で言えば「眠いよ、あと5分寝てようよ」という自分にも、一応、発言権を与えるということだろう。

偶然、この本と同時期に読んでいた別の本に、こんな表現が出てきた。「脳は合意に達したい。あなたも次ページの図を見たことがあるかもしれない。一個の壺か向かい合う顔に見えるだろう。このような例では、コラムはどちらが正しい物体かを判断できない。(中略)投票する層は合意に達したい――二つの物体が同時に活性化することを許さない――ので、一方の可能性ではなく他方を選ぶ。顔か壺のどちらかを知覚できるが、両方同時にはできない」(ジェフ・ホーキンス著　大田直子訳『脳は世界をどう見ているのか』早川書房)。

この「次ページの図」とは、「ルビンの壺」として有名な錯視図だ。黒いふたつの横顔にはさまれて、白い空白がある。この空白部が壺と見える時、ふたつの横顔は認識できなくなる。一方、ふたつの横顔を「顔だ」と認識すれば、空白部は壺には見えない。ふたつの認識を行ったり来たりはできるが、「同時に顔と壺を見る」ことはできないのだ。

その理由は「脳が投票をするからだ」と本書は説明する。脳は様々な認知の層を持っていて、それぞれの層の認知を統合して、ひとつの認識をかたちづくる。この「統合」がどのように行われるかと言えば、それは「投票」だというのだ。民主的である。「専制的支配」は、ここにはないのだ。

もちろん、「善悪」や「理性による節制」といった哲学的主題と、「錯視図がどのように認識されるか」といった科学的な主題は別次元のもので、ごっちゃにしてはまずい。ただ少なくとも、同じ「脳」の行う事について、「専制」や「投票」といった同一ジャンルの比喩表現が「ハマる」のだなと感心した。

先の私の、タクシーでの件においては、「困難があっても助けに行くべき」と思った自分と、「助けに行くのは難しいし、かえって混乱を招く。自分以外の誰かが助けに行くだろう」と考えた自分が、心の中で争った。結果、後者が「投票に勝った」ということなのだろうか。とっさのことで、私自身、それほど長い時間葛藤したわけではない。結論は半ば、瞬間的に、なしくずしに出た。でも、私の「脳」は、多分なんらかの投票行動をしていたといえるのかもしれない。なんにせよ、私としての「結論」は、「なにもしない」という行動として表れていたのだ。

＊＊＊＊

牡羊座を語る時、「正義」というキーワードが出てくる。もとい、牡羊座だけでなく、「火の星座（牡羊座・獅子座・射手座）」を語る時に「正義」が持ち出される。罪人は正義の火で焼かれる。神の怒りに触れると、聖なる火で焼かれる。正義と火のイメージは、そんなふうに結びついている。

正義は、みんながなかよくなごやかに暮らしている時には、特に問題にならない。必要とされない。みんなが衝突し、争い始めた時に初めて、正義が問われる。権利の衝突、摩擦、加害と被害、闘いの最中でだけ、「誰が正義なのか」「何が正義なのか」が問われる。

牡羊座は闘いの星座である。ゆえに、正義の星座となる。剣を振りかざす者は、多くの場合、胸に正義を抱いている。たとえ強盗であっても、金持ちに対する怒り、社会の理不尽、不公平に対する正義の怒りを抱いていることがある。人間はいつも、心のどこかで、「自分が正しい」と考えている。何かと、あるいは誰かと衝突したとき、その「正しさ」が一気に心の水面に浮上する。

一方、正義にはもうひとつのイメージがある。天秤である。天秤は法曹界でよく見られる正義のシンボルだ。諍いがあったとき、両者の言い分をよく聞き、客観的にどちらが正しいかが判断される。もっと言えば、どちらかが正しく、どちらかが間違っているわけではない。どちらも同じく、ある程度正しくて、ある程度間違っている。それを天秤にのせて、だれがどのくらい罰せられ、だれがどのくらい補償されるべきかを考える。わずかなことで天秤は傾く。ぐらぐらと揺れ続け、傾きが定まらないこともある。

目隠しをした正義の女神が天秤と剣を手にする像で、「法の正義」が表現される。星占いの天秤座は、牡羊座の対岸に位置している。星占いには「ポラリティ（極性）」という考え方がある。対岸、180度の位置関係にある星座同士には、特別な対称性があるのだ。ひとつのことに、180度違う方向から光を当てる。牡羊座と天秤座が両方「正義」と関係があるのは、偶然ではない。

闘う人の「正義」、つまり牡羊座的正義は、主観の中にあって絶対的である。その正義は、比較的素早く選び取られる。迷いがなく、まっすぐで、正義を揺らさない。ブレない。しかしもし、自分の正義が間違っていた場合は、それを率直に認める。

一方、天秤座の世界観においては、正義は相対的で、客観的に量られるべきものである。天秤はゆらゆら揺れる。誠実さが迷いの中にある。天秤が完全に揺れを止めるまで結論を出さない、そこに天秤座的正義がある。

このように、牡羊座的正義と、天秤座的正義には、大きな違いがある。

しばしば「正義はひとつではない」と語られる。天秤座的正義において、それは顕著である。ひとつではないから、定量される。ゆらゆらゆれる。どちらに傾く可能性もある。

では、牡羊座の正義はどうか。

私が思うに、牡羊座の人々も、「正義はたったひとつしかない」と考えているわけではないように見える。ただ、牡羊座の人々は、複数の正義の間に立つことをしないのである。牡羊座の人々は、かなり素早く正義を選び取る。他の正義が存在することも知りながら、自分のものとなる正義を選ぶのだ。そして、状況の変化の中で自分の正義が「もはや正しいとは思えない」となれば、すぐに他の正義を選択する。牡羊座の人々は、「正義はひとつではない」という現実に、そのように対峙している。私にはそう思える。

２０２２年６月、木星と火星が牡羊座エリアに肩を並べていた。

牡羊座は火星にとって「自宅」のような場所である。牡羊座−火星の「闘い・怒り・正義」といったテーマが強調され、さらに増幅（木星）されていた。世界が「コロナ禍」に覆われた２０２０年から２０２２年頃は、非常に多くの人が「正義・善悪」を意識し続けていた。あんな状況は他に、戦時下くらいなのではないだろうか。マスクの着用やワクチンの接種にまで「善悪」が持ちこまれた。闘っている両者のどちらに正義があるのか、誰が正しく誰が間違っているのか。あらゆることが「正しいか、間違っているか」で語られていた。その判断の根拠は「科学的事実」と「客観的情報」だとされていたが、本当にそうだったのか。

「投票」は、管理された公的な選挙のようなものだけではない。「みんながやっている」

「周りの人がみんなそう言っている」程度でも、立派な「投票」なのではないか。誰でも自分が正しいと思いたい。しかしその「正しさ」は、どこから湧いて出てきているのか。多分、人間集団は無意識に、いつでも「投票」し続けているのではないか。人間の脳の中と同様、いくつかの考え方や立ち位置のあいだで、「より正しそうな方」に無意識に投票し、その投票結果の中で「正しさ」を決めているだけ、のようにも思える。もちろん、社会的には少数派の側に「こちらが正しい」と投票する場合もある。たとえば戦争中に反戦を訴えた人のように「結局、そちらが正しかった」と後になって評価がひっくり返ったりもする。

牡羊座の「正義」にはもうひとつ、特徴がある。

それは、「みんなが言っているからそっちにいこう」という流され方になりにくい、という点である。牡羊座の人々の「勢いよく主張し、間違いがあれば素直に改める」という特徴は、「みんなが言っている方に従う」こととは全く違うのだ。

もし「みんなが言っていること」が間違っていると感じれば、大集団に背を向けて、一人離脱することもできるのが、牡羊座的正義である。牡羊座の人々は、自らの正しさを、いつも自ら選択する。だからこそ、迷いなく闘えるのである。

牡牛座　―　五感の星座

〝とても若くて、恋や飢えのような、しっかりした現実感覚を与えてくれるような思い出を持つひまもなかったので、少年兵士たちは伝説やゴシップの影響をきわめて受けやすかった。〟

（サルマン・ラシュディ著　寺門泰彦訳『真夜中の子供たち（下）』岩波文庫）

サルマン・ラシュディは、日本では『悪魔の詩』の作者として、よく知られている。その翻訳者が殺害されるという痛ましい事件が起こったからだ。彼自身も襲撃を受け続けており、2022年8月にも、講演会場で刺されている（幸い、一命は取り留めたそうだ）。『真夜中の子供たち』は「マジック・リアリズム」と称されるにもかかわらず「インドではこの本はもっぱら現実を描いたものとして、ほとんど歴史の本のように読まれた」（「作者自序」より）。ゆえに、登場人物であるインディラ・ガンディーから抗議を受け、一節を削除させられた。聖なる信念や誇り、名誉を守る権利と、表現の自由とが、一体両立されうるものなのか。私などにはわからない、底なしの難問である。

『真夜中の子供たち』を私は昼食の友として読み始めたのだが、すぐにそれはムリだとわかった。私は本書をトイレの本の定位置に移動させ、毎日少しずつ読んだ。本書にはあらゆる匂いが充満していて、到底食事には合わない。のっけから登場する船頭は風呂に入らない。本書は五感のすべてに荒っぽくスイッチを入れてくる。私はそれを記憶の中の匂いや感触と結びつけて、脳裏に小説世界のイメージを起ち上げる。しかしすぐに、そこには私の見たことも聞いたこともないものがあふれかえっているとわかる。私はインドに行ったことがないし、インドについて調べたこともないのだ。知識にも記憶にもないものは、どんなに説明されても想起できない、はずなのに、力ある小説はそれを乱暴に想起させる。記憶と経験、その延長線上に、強烈な「ただのイメージ」が浮かび上がる。

2023年5月17日、木星は牡牛座に入った。木星は約1年ほど続くテーマを司る星である。つまりここからの約1年は「牡牛座木星時代」と読める。牡牛座は五感、感覚、物質の星座で、現実感覚と直結している。

「コロナ禍」にあった2020年から2022年頃、人々は「直接会う」「出かける」など五感を通した経験を全て、デジタルな「情報」に置き換えられてきた。長らくの様々な行動制限が解除された2023年春、人々は「リアル」をガツガツ取り返そうとしているかのようだった。「コロナ明け」という表現が人口に膾炙し、嵐が去った後のように多くの人がウキウキし、解放感を満喫していた。

とはいえ現実には、決して「コロナがなくなった」わけではなかった。ただ、これまでのように神経質にカウントするのをやめただけである。「見なくなった」だけで、人間は「なくなった」と感じるのだ。視界を遮るブリンカーやシャドウロールで落ち着きを取り戻す敏感な競走馬と、たいして変わらない。

引用部のように「しっかりした現実感覚」の体験や記憶があれば、「情報」はそれと結びついて奥行きを持つ。一方、たとえば五感との繋がりを持たないChatGPTが吐き出す「情報」はどうだろう。AIは「伝説やゴシップの影響をきわめて受けやすす」い。というか、それそのものでできている。「伝説」はWikipedia等の情報サイトに書かれており、ゴシップはニュースサイトに書かれている。それらが「学習」されて、もっともらしいテキストで吐き出される。さらに、AIには「ハルシネーション（幻覚）」と呼ばれる現象がある。これは、AIが完全なデタラメを吐き出す現象のことである。AI自身が確かに学習したはずの正確なデータと、全く整合しない話を堂々と語ることがあるのだ。どんなに正確さを期した上等なＡＩでも、少なくともいまのところ、ハルシネーションを完全に防ぐことはできないらしい。「しっかりした現実感覚」がないＡＩは、いたいけな少年達と同様、夢見がちなのだ。

恋も飢えも、激しい欠乏感である。なにかが「ある」ことの反対である。その欠乏感の「思い出」こそが、「しっかりした現実感覚」を与えてくれるとラシュディは言う。恋は心や頭の体験だと捉える向きもあるが、それ以上に身体的な体験だと言える。顔が赤くなり、胸がドキドキし、息が上がる。場合によっては生死に関わる。

まずはじめに「ある」状態がなければ「ない」もない、という考え方がある。ただ、少なくとも恋と飢えという欠乏は、人生において「ない」から始まる。ゆえに絶望的なのだ。絶望こそが出発点になっていれば、私たちは騙されにくくなるのだろうか。

満たされていること、所有していること、足りていること。これは牡牛座の管轄するテーマである。ゆえに同時に、足りないこと、欠乏していること、欲望し渇望することもまた、牡牛座と関係が深い。「欲」は、足りないという感覚である。牡牛座は「欲」の星座でもある。「ある」ことと「ない」ことは表裏一体である。叶わぬ恋をする気持ち、食べ物がなくてお腹の中をワニに食い破られるような気持ち。「不満」どころではない、痛烈な生の感覚がそこに生じる。生きているということを実感するのは、欠乏と充足のちょうどはざまのところである。生きるか死ぬかの境目で初めて、「生きている」感覚が起こる。失恋も、飢えも、極まれば人を殺すのだ。牡牛座は生命力の星座である。生きていくために必要なものを手に入れる、揺るぎない意志を司る。その意志は、欠乏の感覚から生じる。

牡牛座の星のもとに生まれた人々は、周囲に不思議な安定感を与える。しっかりしている、どっしりしている、という印象を与える。なにかが揺るがない、一貫して変わらない、という印象を与える。この印象は、ラシュディの言う「しっかりした現実感覚」に通じる。幻想や情報では変わりようがない、強い基準がある。それは、「五感で感じたこと」が基準だから、揺るがない」ということ以上のものがある。つまり、「感じたこと」「経験したこと」だけでなく、「まだ感じていないこと」「足りていないこと」「この世のどこかにあると聞いているが、まだ触れたことのないこと」などにまつわるひとつの現実感も含まれているのではないかと思うのだ。「ある」経験だけでなく、「ない」という現実感覚もまた、牡牛座のたしかな支柱のひとつなのではないかと思う。そうでなければ、「何ももを経験し、感じなければ、支柱が定まらない」ことになってしまう。恋や飢えといった「ない」感覚もまた、牡牛座の生き方の土台に含まれているのである。

２０１８年から２０２６年春まで、牡牛座には、天王星が位置している。天王星は分解や分離と関係が深い星で、たとえば重力圏を蹴って宇宙に飛び出そうとするロケットは、天王星の管轄である。つまり、牡牛座という五感の星座で、天王星というテクノロジーは「感覚」を、機械を分解するように分解していたのかもしれない。実際「コロナ禍」で、私たちがかつて感じることのできた生身の人間の匂いや温度は、容赦なく分断された。

一方、２０２２年５月に牡牛座入りした木星は、拡大と膨張の星である。肯定の星、充実の星、幸福の星でもある。分離した他者との体感的交流を取り戻そうとする「コロナ明け」の雰囲気と、この木星の動きは、私の目には重なって見えた。人は人と、言葉や意味だけでつながっているのではない。「メシ食いに行きましょう」「今度お茶しましょう」は、「あなたと親しくなりたい、お話をしたい」という意味合いの表現である。飲み食いすることは、すべて牡牛座の管轄である。

木星はジュピター（ゼウス）、天王星はウラヌスである。神話の中でウラヌスは息子クロノスと争い、敵である父の体の最も敏感な部分を切り落として、クロノスが勝利した。そのクロノスの息子が、ゼウスである。彼もまた、父クロノスを倒した。２０２２年５月の「木星牡牛座入り」の動きは、この神話を彷彿とさせる。最初にウラヌスが破壊しようとしたものを、最終的にジュピターが奪い取ったのだ。

しかし、もう少し長い目で見れば、現代においては、恋や飢えが社会的に無化されつつあるように見える。恋愛はもはや「必須ではない」要素であり、飢えはあくまで局所的な問題であって、無視されるか、解決を求められるかの、どちらかである。たとえば戦後すぐの時代のように、飢えの感覚が「広くみんなのもの」だったような状況とは、全く違う。「本来、ないはずのこと」として、社会の端っこから外部へと押しのけられている。「子ども食堂」は「広く共有されるべき、みんなの問題」ではなく、ごく限定的な一部の問題と見なされている。つまり「ない」感覚もまた、押しのけられつつあるのである。「しっかりした現実感覚」は、牡牛座のものである。その感覚から引き離された私たちは、集合的無意識を無防備に生きることになる。それはつまり、限りなく騙されやすい状態なのかもしれない。

＊＊＊＊

ちなみに、『真夜中の子供たち』というこのタイトルは、星を含んでいる。主人公は1947年のインド独立の日、日が変わった瞬間に生まれた赤ん坊、サリームである。「私の生まれはボンベイ市……昔々ある時のこと。いやそれじゃやだめだ。（中略）一九四七年八月十五日生まれ。時刻は？　時刻も重要なのだ。ええっと、それなら夜だ。いやもっと正確に、大事なことだから……実は真夜中きっかりだった」。星占いをする人間なら、この書き出しを見てすぐ、ホロスコープを作りたくなる。占星術、特に人の運命を生まれた時の星位（ホロスコープ）で占おうとする場合、出生地、生年月日、そして「生まれた時間」が必要なのだ。幼い頃「月のかけら」とあだ名されたサリームは、星と共に人生を歩む。

実は、日本で広く親しまれている西洋占星術とインド占星術とは、かなり隔たりがある。西洋占星術は春分点を基準とする方式（トロピカル）、インド占星術は恒星の位置を基準とする方式（サイデリアル）を採用しているからである。ゆえに私が作るホロスコープと、インド占星術家が作るホロスコープは、1星座くらいずれているし、図の描き方も、重視するポイントも、かなり違う。しかし、ルーツは同じである。

他に、たとえばこんな記述もある。「一九四七年八月十三日。天には不満が鬱積している。木星と土星と金星が癇癪を起こしそうな様子である。三つの不機嫌な星は十二宮のいちばん嫌われる宮《ハウス》へと動いてゆく。ベナレスの占星術師たちは怖れおののきながらその名前を言う。「カラムスタンだ！　星がカラムスタンに入ってゆく！」」。カラムスタンとは、「カルマ・スタナ」、即ちカルマの位置、のことだろうと思われる。ホロスコープの10室という場所、天の一番高い場所である。この日は土星と金星は確かに重なっているが、木星は90度ほど離れたところにあるので、多分この「木星」は水星か太陽の間違いかもしれない。いずれにせよ、冒頭で大きく広げられた星の天蓋の下に、小説全体が覆われている。

双子座 ― コミュニケーションの星座

〝もしもおまえが半分になったら、そしてわたしはおまえのためにそれを心から願うのだが、少年よ、ふつうの完全な人間の知恵ではわからないことが、おまえにもわかるようになるだろう。おまえはおまえの半分を失い、世界の半分を失うが、残る半分は何千倍も大切で、何千倍も深い意味をもつようになるだろう。〟

（カルヴィーノ著　河島英昭訳『まっぷたつの子爵』岩波文庫）

メダルド子爵はトルコ人との戦争で大砲の弾を受け、「まっぷたつ」にされてしまった。悪そのものの「悪半」、純粋な善人の「善半」に。引用したのはこの物語の語り手であるメダルド子爵の「甥」に、「悪半」が語りかけた言葉の一節だ。一方「善半」も、恋人に同じようなことを語っている。

人間が「二つで一つ」になるというこのイメージは珍しいものではない。プラトンの『饗宴』にも、もともと人間は球体であったものが二つに切りはなされたものだ、と語られる。また『とりかへばや物語』のように、よく似た二人が入れ替わる、というモチーフもポピュラーである。ケストナー『ふたりのロッテ』のように双子が入れ替わるものも多いが、オルハン・パムク『白い城』のように、完全な他人が入れ替わるケースもある。

こうした物語では「二人は外見がとてもよく似ているけれども、内面は非常に対照的」という設定が多い（『白い城』はちょっとちがうが）。よく似た二人の大きな「違い」が原因で苦悩や混乱が生じ、物語が進展する。

内面が対照的だということは、両者がそれぞれに偏っているということである。あるいは、もう一方の存在によって、他方が定義される、とも言える。少なくとも、一人では「完全」ではないのだ。まるでそれぞれの作者が「完全な人間」をまず、球体人間のように想定し、それを真っ二つに裂いたかのようである。

この点、『まっぷたつの子爵』では、ダイレクトに一人の子爵を二人に割ってしまっている。なんと乱暴な、と思うが、案外これこそが「入れ替わりモチーフ」の本質なのではないか。だれもが「もう一人の自分」に会わなければ「全体」になれない、というイマジネーションである。

自分とは何かを知るために、もう一人の自分を探し続ける。しかし当の相手に出会ったら、「自分を知る」だけでは足りなくなる。なんとか相手と結びついて、自分のものにしようとする。「善半」「悪半」のように、もともと一体だった相手ならば、うまく結合できるかもしれない。でも、現実には決して、そんなわけにはいかない。「一体になる」など、相手から断られる場合の方が、多分多い。しかし、探し求めた相手への渇望は、拒否されても消えない。相手がもし言うことを聞かなければ、デタラメに蹂躙して、滅ぼしてしまう。人間はそんな愚行を、結構繰り返しているようにも見える。

たとえばオリエンタリズムは、そういったものではないか。既に完全であったはずの西欧文化が、全く発想の異なる文化と出会ったとき、「ここに、我々に足りない片割れがあった！」「これを我が物にすれば、本当に完全になれる！」と感じられるのである。「人は人、自分は自分」とならず、惹きつけられ、近づき、理解しようとし、いつか自分のものにしようとする。侵略、植民地化が起こる。経済原則、国際競争の論理とはべつのところに、もしかしたらそんな感情が存在するのではないか。

宇宙人を探すために大真面目に大枚はたいて宇宙船を飛ばすようなことも、多分そのひとつだ。「もう一人の自分」たる知的生命体を宇宙のどこかに見つけて、「自分」を知りたい。その延長線上で、他者という存在と結合して「完全」になりたい。そんな思いがあるのではないか。……とは、もちろん私の妄想である。

『まっぷたつの子爵』を読んで思いだしたのが、「十牛図」だ。禅宗の教えを絵と詩で解りやすく示したストーリーである。人が牛を捕まえ、それを馴らしてゆくプロセスに、禅の悟りのプロセスが重ねあわされる。「牛を捕らえる人」は悟ろうとする自己、「牛」はその人の本当の自己、または悟り、心、等に擬えられる。

ここでも、「自分」は「人」と「牛」にわかれている。哲学で言う「即自」「対自」の別にも似ている。自分がありのままの自分として生きているときには、自分のことも世界のことも、よくわからない。「自分」が「自分自身」を外的な対象として意識し始めたときに、人間の秘密がわかりはじめる。もう一人の他者としての「自分」に出会う、劇的な瞬間が巡ってくる。

＊＊＊＊

双子座は、二人でひとつの星座を象徴する。現実の双子の人々はもちろん、独立した別個の存在で、「二人でひとつ」などでは決してない。しかし象徴の世界での「双子」は、二人がそろって完全な一人になる、というイマジネーションの投影なのではないか、と思うことがある。

双子座はコミュニケーションの星座である。コミュニケーションとは、お互いにわからないことがあるからやるのである。たとえば人は他者に出会う時、無意識にお互いの一致点を見いだそうとする。出身地や年齢はもとより、名前の頭文字まで、どんな些細なことでも一致すれば感電したように心を結びつける。コミュニケーションとは、少なくともその「第一歩」では、お互いの「双子」性を探すような試みなのではないか。幼い子供は、他者と自分を引き比べ、「これが同じ！」「これが違う！」と発見し続ける。相手を通して自分を知り、自分に照らして相手を知ろうとする。


双子座の人々は、他者の中に「理解できるところ」、つまり、自分と同じ部分を探そうとする。そして同時に、似ているはずの他者の中に、自分とは異なる部分を見つけ出して、それを心から楽しむ。このふたつの動機が、他者への深い興味関心を生み出す。

一方、双子座の人々がしばしば「飽きっぽい」とされるのは、もしかすると、自分が興味を持った対象が「もうひとつの自分ではない」と気づく瞬間が来るからなのかもしれない。メダルド子爵の「悪半」と「善半」が巡り会うように、双子座の人もまた「自分の残りの半分に出会えた！」という瞬間を探し求めているのではないか。双子座の人々の知性と他者に向かう強烈な関心は、その衝撃の瞬間まで、ひたすら探し続けるしかない、という宿命を負っているのではないか。

星座占いは元より、血液型占いや干支、昨今流行のＭＢＴＩという性格診断なども、他者と自分の相違点と一致点を探ろうとする試みであろう。特にＭＢＴＩは最近、若い人の間で大変人気があるというが、そこでは「自分を知りたい」というニーズ以上に、「相性」への関心が高いという話を聞いた。自分は人とどうすればうまくやれるか、どんな人とだったらうまくゆくのか、それを「診断」したいのだそうだ。この関心は、風の星座的、つまり双子座・天秤座・水瓶座的だと思える。客観的、相対的、知的に自分と他者を関わらせようというのである。

同じ「人間関係」へのアプローチでも、たとえば水の星座なら互いの感情に触れることで関わりが生まれたと感じるだろうし、地の星座ならば時空を共有することを重視するだろう。火の星座ならば、偶然の出会いと直観に重きを置くはずだ。「客観的指標がどうあろうと、その時の自分がどう感じるかしかない」と思う人が多いのではないかと思う。

自分と他者の一致点や相違点を探る。つまりは自分の「双子・片割れ」を探しにゆく。人生のコミュニケーションの発端がそれだとして、さらにそこから先へ進んでゆくと、一致点をもって団結し、相違点をもって敵対するようになる。「敵と味方」という、別の「対《つい》」が出現する。これはフライングで、蟹座マターとも言える。

あるいは人間同士の闘争というものは、すべてメダルド子爵の半身同士の闘いと同じなのかもしれない。私たちは「ひとり」でありながら半分であり、かつ、自分の中に半分半分の自分を持っている。人は自分と全く違うものではなく、実はごく似たもの、本質的に同じものに反応し、攻撃しているだけなのかもしれない。大声で「自分と彼らは違う」と言わずにいられないのは、そう言わなければごっちゃになりそうだからだ。その一方で「一体になり、完全になりたい」という欲望が燃えさかっている。

双子座の神話には「戦闘」がまとわりついている。双子はいつも一緒に敵に立ち向かい、戦闘でカストルが命を落とすと、残るポルックスは「自分だけ生き存えるわけにはいかない」と神に祈って、二人一緒に、一日おきに天界と下界で暮らすことを許された。一方、まっぷたつになったメダルド子爵の「善半」と「悪半」は互いに闘った末に一体に戻った。経緯は違っても、いずれも「闘いの末にひとつになる」のだ。

日常的に人が人を叩き、紛争や闘争や戦争が起こり、万人が万人に闘争を続けているような昨今でも、私たちは「もうひとり」を探しているのだろうか。

蟹座　―　生活の星座

〝私はもう慣れてしまいました。私はどんなことにも慣れるからです。おとなしくて、ちっぽけな人間だからです。しかしそれにしても、これはみな、一体全体、何のためなんでしょう？　私が誰かに悪いことでもしたでしょうか？〟

（ドストエフスキー著　安岡治子訳『貧しき人々』光文社古典新訳文庫）

２０２０年頃から長い疫病で世界全体が苦しみ続ける中、２０２２年2月、別の衝撃が走った。ロシアがウクライナ侵攻を開始したのだ。こういう大きなニュースがドカンと世を覆うと、直接の関係者はもちろん、そうでない人々も無意識のうちに、深いストレスを背負い込むもののようだ。湾岸戦争、阪神・淡路大震災、9・11、東日本大震災等々の時もそうだった。惨状から遠く離れた場所にいる人々の負う、ある意味で不思議な苦しみは、直接の被害者ではないがゆえに、訴えにくく、理解もされにくい。「被害者に比べれば自分は幸せだ」と考えるのが社会的に「正しい」からである。ゆえにその苦しみは癒されぬまま、抑圧の中で長く重く続く。

しかしその一方で、人間は、慣れる。２０２０年春、コロナにより「世の中がひっくり返った」と言い合った非日常感は２０２２年頃には既に薄れ、私たちは鈍感になっていた。２０２２年2月後半「驚破《すわ》、第三次世界大戦か」と世界全体が硬く緊張した日から数週間経った頃には、その戦慄もなかば和らぎつつあったように思える。「慣れた」のだ。

テレビは破壊された街と傷ついた人々、脱出する人々の姿を映し出す。ニュースの発信者の意図はどうあれ、被写体となった「脱出する人々」は、生活者である。日常は奪われても、生活はそこにある。映し出されているのは「脱出」であるが、それは彼らの生活そのものだ。「日常生活」だけが「生活」ではない。「非日常の生活」というものが、世の中には存在する。日常の風景、無意識のルーティン、当たり前に使っていたリソースがすべてぶち壊されても、「自分」はそこからいなくなりはしない。時間は止まらず、「次にしなければならないこと」がある。あるいは、それをどうにかして考え出さねばならない。避難する動きも生活、居場所を確保したり必要なものを探し回ったりするのも生活、手だてのないなかで必死に身近な人のケアをするのも生活で、それらは、生きている限りどうしても目の前にあり続ける。そのことの重圧と苦悩もまた「生活」なのだ。

＊＊＊＊

私が幼い頃、両親は不和により別居や離婚を繰り返した。住んでいた東京から遠く離れた東北へと移動すると、昨日眠っていた寝床は、今日はもうない。戦火から逃げ出すほどの恐怖はなくとも、あの「非日常」と「それでも生活が続く」というシビアな絶対的現実感は、今も胸に刻まれている。

危機を避けるための反射的な行動、身を守るための様々なアイデア、一時的な生活スタイル、急場を凌ぐための簡易リソース、今だけのルール、ものの配置、役割。「日常」はとにかく壊れやすい。しかし、生活は！　生活は徹底的に続くのだ。そして、私たちは自分で思うよりも早く、新しい苦しみの生活に慣れる。望むと望まざるとにかかわらず、慣れてしまう。

「生活」と「慣れ」は、星占いの世界では「水」に象徴される。いつのまにか起こる感情の変化、しみ込み混ざり込み飲み込まれていく、不思議な変容。

「生活の星座」と言えば、蟹座である。

蟹座は庇護、暮らし、日常、家、生活環境と関係が深い。自然も世の中も、危険に満ちあふれている。蟹座は大切なものをみんな内側に抱え込んで、固い甲羅で守ろうとする。蟹は移動する。素早く移動する。「家」の星座なのだから不動なのかと言えば、決してそうではない。ある場所から動かないでいるのは、時には非常に危険なのだ。本気で生活を、家を、大切な人を守ろうとすれば、果断に動くことが必要だ。蟹座は「活動宮」である。不動宮でも柔軟宮でもない。果断で、活動的で、主体的なのだ。そうでなければ生活は維持できない。

資本主義社会では、個人の生活は「プライベート」として隠され、後回しにされ、場合によっては、バカにされがちだ。しかし生活を運営するということは、本質的には、決してバカにしていいようなことではない。命と直結する大変な営為である。人間は自覚する以上に、生活に守られている。生活を必要としている。

蟹座はしばしば「母性的」と語られる。蟹座のシンボルは6と9を組み合わせて寝かせたようなかたちで、一説にはこれは、乳房をかたどったものだ、とも言われる。ただ、蟹座の星のもとに生まれた人々は、「あなたは母性的ですね」と言われても、納得感より違和感を抱くことが多いようだ。実はかくいう私もそのひとりである。この違和感が、私が星占いをやるようになった動機のひとつだった。

「母性的」という言葉から浮かぶのは、「子供好き」「家庭的」「料理や手芸が好き」「家事が上手」「あたたかくやさしい」「受動的」「外に出て活躍するより、家にいるほうが好き」などのイメージだろうかと思う。また、清らかさや正しさ、貞節さも「母性的」なイメージのひとつである。母なるものは、性的であってはならない。「聖母マリア」のイメージが母なるものと処女性でできているように、「母性的」という言葉には、児童向けのおおらかな倫理・道徳的世界観が含まれている。こうしたイメージに「全然違う」という反感を抱く蟹座の人々は多い。

少なくとも、戦時中に子供や弱い者を守りながら生活を維持するような場合、「やさしくて、家にいるのが好き」なだけでは全く足りない。蟹座の「母性的」は、戦火を逃れても大切な人を生かそうと、あらゆる手だてを試みるような、ある種の荒ぶる勇敢さを言うのだろうと思う。大切なものを守るためには手段を選ばず闘う、なりふり構わぬ行動者としてのマインドを、「母性的」と呼ぶなら、多少納得する人もいるだろうと思う。

更に言えば、蟹座の「大切なもの・大切な人」は、家族かどうか、血が繋がっているかどうかでは決まらない。たとえ家族であっても、共感できぬ相手を、蟹座の人々は自分の甲羅の中には入らせないのである。一方、どんなに遠く離れた他人でも、心が通じると思えば、蟹座の人々は甲羅の中に彼らを入れ、自分自身と同じかそれ以上に大切にする。自分と同化させ、区別も差別もしない。

オーウェン・デイヴィス著『スーパーナチュラル・ウォー』（江口之隆訳　ヒカルランド刊）という本がある。第一次世界大戦中、人々がどのように「オカルト」を求めたかを詳細に研究した一冊だ。戦争に行った家族が帰ってくるか。今どこにいるか。足りない食料を、どこに行けば手に入れられるか。いつ戦争が終わるのか。不安な心に、数限りない「問い」が湧き上がる。それに答えようとする、無責任な占いがある。戦争中は、占いとまじないが草の根で、水面下ではびこる。時にはそれが社会問題と化し、占いを禁じる法律ができたりもする。それでも、占いを根絶やしにすることはできない。人々は強烈な恐怖と不安を、こっそり占いにぶつけつづける。

なぜ占いに不安と恐怖をぶつけるのか。それは、なんとか心を支えて、不安を宥め、絶望をゆるめて、今日も生活していくためである。

占いやまじないは「弱さ」の表れと考えられている。たしかにそうかもしれない。だが、裏返せば、そこには強烈な生への意志がある。どんなに厳しい状況でも、どんなに悲しい予感の中にあっても、人間には「生活」がある。生活のための心のつっかえ棒として、占いやまじないがそこにあったとして、どうして「無知」と責められるだろうか。

生きている限り決して終わらぬ「生活」は、何の心の支えもなしに続けられるほど、甘くはないのである。

獅子座　―　観る星座

〝カイウスは、実際、死ぬべきものである。したがって、彼が死ぬるのに不思議はない。しかし、自分にとっては、無数の感情と思念をもったワーニャにとっては、イワン・イリッチにとっては――ぜんぜん別問題である。自分が死ななければならぬというようなことは、しょせんあり得べきはずがない。それはあまりに恐ろしいことである。〟

（トルストイ著　米川正夫訳『イワン・イリッチの死』岩波文庫）

「カイウスは人間である。人間は死すべきものである。従ってカイウスは死すべきものである」。論理学で習ったこの三段論法は、しかし自分、イワン・イリッチにも当てはまるものだろうか？　第三者から見れば滑稽で非論理的な問いが、ほかならぬ「私」のこととなった瞬間、一転して深刻な意味を持つ。死を怖がる人間を、イワン・イリッチはかつて嗤った。しかし今や同じ自分が、まさに死を目前にして、逃れがたく震え上がっているのだ。そんなことはない、死などはありえない、と、受け入れられずに立ちすくんでいるのだ。他の人の死なら、あり得る。しかし自分の死は？　ありえない！　この一文を前にして、なおも「死を恐れる愚かな人間がいる」と嗤う読者はいるだろうか。おそらくいるだろう。しかし、ある読者達は、決して嗤わないだろう。絶対に嗤えないだろう。

「トルストイはかつて、まる一世紀にわたるヨーロッパ全体の生活は長編の対象になりうるが、ひとりの百姓《ムジーク》の一日の生活もまたなりうる、といっています」。これは、『イワン・デニーソヴィチの一日』（木村浩訳　新潮文庫）の訳者解説の中で紹介されている、作者ソルジェニーツィンのインタビューにおける発言だ。『イワン・デニーソヴィチの一日』に描かれる徹底的な生活感のリアリティと、そこに没入させられていく読書感は、『イワン・イリッチの死』のそれに似ている、と私は思っていた。主人公の生活時間にべたっと入り込んでしまうこの感じ、運命ではなく現実に捉えられてしまう感触である。ケルテース・イムレ『運命ではなく』のタイトルの通り、そこには日々の生活しかない。外野から見てどんなにドラマティックだろうとも、そこにはベタベタの生活しかないのである。ひとりの平凡なイワン・イリッチの平凡な死、そこに至る短い時間を描いた『イワン・イリッチの死』は「長編」ではないけれど、衝撃的な「私の話」と感じられる。モチーフが「我がこと」になる、小説の圧倒的な力だ。ベタベタの生活描写が、やがて神話的な普遍性で輝き始める。

囚人としての過酷な日常や、死を前にした人間の悲嘆などのモチーフは「極限状態」であり、それ自体に魅力がある。たとえば「臨死体験」をした人や「塀の中」に入ったことのある人は、俗世に戻ったとき不思議な「聖性」を帯びる。彼らは普通の人が見たことのないものを見るという、聖なるイニシエーションを経ているからだ。ゆえにそうしたモチーフで描かれた作品やルポルタージュは、余人のはげしい興味をそそる。文字通り「そそられる」のである。

しかし小説は、そうした「聖性」の欺瞞を暴く。臨死体験をしようが、塀の中に入ろうが、その人たちは決して「特別な人間」ではなく、今、まさに平々凡々たる日常を生きている自分と地続きなのだ。相手の境涯が自分のものではない合理的理由など、どこにもないのだ。優れた文学作品は、その事実をつきつけ、読み手を「地続き」のリアリティに巻き込む。私もいつか死ぬのである。それは今目の前の時間と地続きの、現実なのである。

イワン・イリッチは死に近づく自分に気づいたとき、家族の中で孤独になる。死に行く人間は、もはやこの世のものではない。健康に生きている家族は、彼を「死に近づいた、異質な存在」と感じ、無意識に「わけへだて」し始める。ケガレを隔てるのと、聖なるものを隔てるのは、同じ心の仕組みである。死に近づいた人は、もはや「聖なる存在」で、「俗なる我々には理解しがたいもの」なのだ。

しかし使用人のゲラーシムだけは、彼を聖別しない。自分と同じ「人間」として扱う。変わらぬ態度で、あたたかくこまやかに世話を焼く。イワン・イリッチのワガママをやさしく素朴に受け止める。そして「人間はみんな死ぬもんですからね、骨折るなあ当り前でがすよ」と言う。死に向かうイワン・イリッチはこのゲラーシム、元気なときにはなんとも思っていなかったゲラーシムの存在に、救われる。

＊＊＊＊

獅子座は「表現の星座」と言われる。

「表現」と言えば、色鮮やかな絵画とか、人の目を驚かすファッション、劇的なドラマ、情熱的な舞踊などがぱっと思い浮かぶ。インパクトの強い華やかさによって人の目をぱっと奪うものはたしかに「表現」だが、人が「目を奪われるもの」には他にも、色々なものがある。

中でも「人」は、人間が最も「見たい」もののひとつだ。コンビニに行って雑誌の棚を眺めれば、そこには人の顔がずらっと並んでいる。テレビＣＭでも、一切人の姿の出てこないものは、ほとんどないのではないか。人の目を引くにはまず、人なのだ。本質的に、人は人を見ることがものすごく好きなのだ。人は人が見たい。なんでもいいから人が見たい。たとえば映画の冒頭、ある風景が映し出される時、観客はそこに「誰かが現れる」のを心待ちにしている。切望している。スクリーンの中の「誰か」は自分自身に話しかけてくれるわけでもないのに。世に優れた風景画があり、静物画がある。しかし圧倒的に、人間が出てくる作品のほうが多いのではないかと思う。「名画」として多くの人に知られるのは、モナ・リザ、フェルメールの描いた少女、ムンクの「叫び」等々、人を描いた作品がまず、思い浮かぶ。これほどに「人が見たい」のは、思えば不思議な欲望である。

文学作品の中にも、私たちは「人間」を見たい。獅子座の「獅子」の中には人間がいる。それはヘラクレスである。英雄ヘラクレスは、古来多くの芸術作品に描かれてきた。私たちの人生や日々の生活は様々なゆらぎに晒され、つかみ所がない。しかし、優れた表現によってつかみ出されたイワン・イリッチの「日常」、イワン・デニーソヴィチの「日常」には、強烈な普遍性が備わっていて、私たちはそこに入り込める。手応えのある確かさで切り取られた生活者達の姿を、私たちは芸術作品を通して「見たい」のだ。「コロナ禍」以降、社会はどんどん分断され、他者との隔たりは拡大してきたのではないか、と思う。しかし人間は、どうしても他者が見たいし、他者のことが知りたい。

獅子座は「表現の星座」だと書いた。しかし、獅子座の人々が表現をしたいと思う、その動機は何なのだろう。獅子座の世界には、実は観客も存在しているのだ。観る者がなければ、表現もない。もしだれも鑑賞者がいなかったとしても、表現する者は、自分自身でそれを鑑賞するだろう。自分自身が最初で最後の観客となる場合でも、「観られる」という事象は成立する。

獅子座の神話は、ヘラクレスの物語である。ネメアの獅子を倒し、その固い皮を鎧として身に纏う。彼がいくつもの試練を課されたのは、女神ヘラの怒りによるものだった。しかし一説によると、彼の「ヘラクレス」という名前には、「ヘラを讃えるもの」という意味があるそうだ。ヘラは彼にとっては、言わば義母、継母にあたる。ヘラの怒りは夫ゼウスの不義に対するものだったが、その落としだねであるヘラクレスは、グレートマザーたるヘラの愛をひたむきに乞うていた、と考えることはできるだろうか。俳優が観客の愛を乞うように、ヘラクレスはそのいさおしをヘラに「見せる」ことで、許しと愛を乞うていた、と考えることはできるだろうか。だとすれば獅子座の「表現」は、ひたむきに愛を乞い、観る者のもとめに応える、非常に献身的な営為と言えるかもしれない。

イワン・イリッチが自分の死を前にして「まさか、そんなはずはない」と考えたそのリアリティを、なぜ「表現する」必要があったのか。なんのためにそれは表現されたのか。それを見たいと思う人間がいて、そのニーズに、トルストイが応えようとしたからである。死を前にして、自分だけが死ぬのではない、と思いたい読者がいるからである。

　これが獅子座の「表現」というテーマなのではないか。

　星占いに「愛の星座」はいくつかあるが、獅子座も「愛」と関連付けられることがある。ただ、たとえばダイレクトに愛の星・金星に支配された天秤座などとは違い、獅子座の「愛」は、星占いのシステムにおいては、少々間接的だ*。実際、獅子座は「愛」とは関係がないと断言する占星術家もいる。

　獅子座は表現の星座であり、舞台の星座、演技の星座でもある。「推し活」のように、現代では舞台の上にある人、表現する人に「愛を注ぐ」ことは普通だとも言える。表現者は自分の創作欲やインスピレーションだけを信じ、他人の目など気にせず表現するものだ、と考える人もいるだろう。しかし、観客はいる。観客の愛を求める自分は存在する。相手の手をとってその人を賛美し、愛を囁き、抱き締めるのではなく、もっと迂遠なやり方で、表現者は観る者の愛を乞うている、と言えはしまいか。その観客がたったひとり「自分」だったとしても。相手を感動させたいだけなら、小説など書かず、一発殴ったほうが早い、と、ある小説家が言っていた。たしかにそうなのだ。それでも小説家は、読ませるために小説を書く。その世界に引き込んで人を魅了するために、人間を表現する。人間を観たくてたまらない読者が、のめりこむようにしてそれを読む。

観ることも、観られることも、人から人への、ひたむきな愛への懇望につながっている。結びつきへの憧れにつながっている。獅子座の「表現」は、そんなふうに考えることもできるように思う。

＊ホロスコープは12星座を盤面として、その上に瞬間の天地を定める。東の地平線を基準に12の区割りをして、それぞれの「ハウス（室）」に機能や意味を割り当てる。東の地平線から始まる「第1ハウス」はその人の身体、容姿、基本的なキャラクターを、「第2ハウス」はお金やゆたかさを、「第3ハウス」は知性、兄弟姉妹や近隣の人々との関係を、といった具合である。第1ハウスから第12ハウスまでの意味合いは、牡羊座から魚座までの12宮（サイン）の象意と重なるところがある（これらを厳密に分ける占星術家もいる）。この、ハウスとサインの意味合いの対応を「ハウスのナチュラルサイン」と呼ぶことがある。第5ハウスは愛や子供、楽しみ、創造性などを象徴する。一方、5番目の星座は獅子座なので、第5ハウスのナチュラルサインは獅子座である。ゆえに、獅子座は愛と関係がある、という読み方が出てくる。

ちなみに、「第1ハウス」を東の地平線ではなく、太陽の位置で決定する方法もある（ソーラーサインハウスシステム）。雑誌等で見る一般的な「12星座占い」は、この方法で占われる。

乙女座　―　ルールの星座

〝悪魔は、人間の知力が涸渇したときに多くの橋をつくった。そして正式な報酬として、当然予想される人間――その橋を最初に渡る人――の代わりに、ネコかイヌかヤギをうけとった。〟

（カート・セリグマン著　平田寛、澤井繁男訳『魔法　その歴史と正体』平凡社ライブラリー）

フランスの田舎を旅すると、しばしば「悪魔の橋」という標識に出会う、と聞いたことがある。人間が悪魔を知恵で出し抜き、悪魔に作らせたという伝説のある橋だ。「その橋を最初に渡るものの魂を悪魔に差し出す」という条件で橋を作ってもらい、人間が渡る前にヤギやネコを橋におといやって、悪魔に与えるのだ。

こんなやりかたは人間の方が悪魔的なようだが、このように「人間が悪魔を使う」という伝説・お伽噺はたくさんある。「スカンディナヴィアでは、悪魔たちは夜間に馬小屋で働くという。（中略）悪魔はまた、鉱山でも働く。鉱道という暗い迷路も、たぶん、地獄の住居を思えば苦になるまい。概して彼らの立てる騒音は、仕事の量にくらべて大きすぎる。しかし、鉱夫が彼を苦しめないかぎり、害を加えない」（前掲書）。悪魔が人間を傷つけるのは、人間が悪魔をあざけったときだけなのだ。これはいったい、悪魔と言えるだろうか。

悪魔は人間にない知恵を持っている。その知恵だけを利用し、彼らの悪意や目的を遂げさせないことは、人間にとっての「悪」ではないらしい。彼らは「利用する」だけでいいのだ。しかし、そんな虫のいい話があるものだろうか。悪魔はそもそもが「悪」なのだから、彼らを出し抜いたり、痛めつけたりすることは、「善」だとされる。悪魔に悪を為すものは、マイナス×マイナスがプラスになるように、「善」になるというのだ。しかしどうも、なっとくがいかない。悪魔にも言い分はあるだろう、と思えてしまうし、たとえ相手が悪魔であっても、相手を「騙す」のは、良いこととは言えない気がする。

C・S・ルイス著『悪魔の手紙』（中村妙子訳　平凡社ライブラリー）には、悪魔がしばしば、人間に「よいこと」をさせると書かれている。人間を誘惑して堕落させ、「敵」すなわち神に背を向けさせ、人間を地獄に落とすのが悪魔の目的であり、任務だ。しかし人間の弱さは「善」のイメージと隣り合わせなので、悪魔たちのやることはしばしば、私たちにとって一見「よいこと」のように感じられる。「きみとしてはつねにやつが、心から好きな仲間や食べ物や本に背をむけるようにさせ、かわりにつきあって損のない「いい人たち」、体に「いい食べ物」、「読むべき本」を選ぶようにさせたまえ。わたしの知っているある男は臓物料理にたいする強い嗜好のおかげで、社会的野心の誘惑（それもかなり強いものだったが）から守られていたっけ」。臓物料理はたぶん、この文脈では「体に悪い食べ物」なのだろう。

つきあって損のない、いい人たちとつきあい、体にいい食べ物を食べ、ためになる本を読む。これらのことは現代社会でも、常に推奨されている。しかし、C・S・ルイスはこれを「悪魔の指示」によるものだとする。こんなことをやっていると、堕落してしまうのである。なぞなぞのようだが、一方で心から好きな人、食べ物、本を摂取することは、堕落を防ぐことになるのだそうだ。なるほど、こう考えると「堕落」の秘密が分かる。本当に好きなものを遠ざけた結果、心が渇ききった人間は、簡単に誘惑できそうだ。たとえば家族から離れて孤独に暮らす高齢者が、しばしば「オレオレ詐欺」や様々な悪徳商法の犠牲となる。認知の問題だけではない。心満たされぬ人は、悪魔に弱いのだ。

一方、こんなことも書かれている。

「何世紀も前にわれわれが人間のうちに作動させたプロセスのおかげで、人間は見慣れているものが目の前にあるあいだは、見慣れていないものをほとんど信じられなくなっている。彼らがいつも物事の当たり前さを実感するように働きかけたまえ」(前掲書)。

これはたとえば「正常性バイアス」を想起させる。災害時など、あきらかに普段と違う状況に陥っているのに、人間は「これはすぐに普通に戻る」「驚くほどのことではない」と考える。そうしてのんびりしているうち、気がつけば取り返しのつかない状態に立ち至る。

珍しいもの、見慣れないものを、人間は信用しないか、忌避する。なかったことにする。時に、見えなくなる。たとえば差別を受けた人がその体験を「空気にされた」と表現することがある。「その場にいないように扱われる」のだ。私もある動画で、そうしたシーンを目にしたことがある。あるヨーロッパの国の、ジュニアのスポーツ競技において、子供たちが順番に胸にかけるメダルをもらったのに、一緒に並んでいた黒人の少女だけは、メダルをもらえなかった。ごく自然に「飛ばされた」のである。白人の子供たちはそれを観て戸惑っているのだが、授与している大人の方は、まるで気づいていないようだった。あとで激しい抗議を受けてこの大人は謝罪したが、「悪気はなかった」「ミスだった」と弁明した。多分それは本当だったのかもしれない。時に差別した人はそのことを、意識していない。

本当に「見えない」のである。C・S・ルイスによれば、これも悪魔の仕業なのだ（！）。

＊＊＊＊

乙女座と天秤座は、「ルール」と関係が深い。興味深いのは、乙女座が「遵守」の星座、天秤座が「立法」の星座だということである。星座の順番では、ルールを作ることと、ルールを守ることでは、まず「守る」ほうが先に来るのだ。作ってから守るのではなく、守ってから作るのである。

これは一見あべこべのようだが、そうでもない。人間が成長する過程、もっと言えば「この世に生まれ落ちた人間が成長して社会に出てゆく」一連のプロセスを考えると、この順番がふさわしい。私たちはまず、既にできあがったルールに出会う。交通ルール、家の中のルール、校則などに出会う。多くのルールを徹底的に教え込まれる。半ば強制的にそれを守らされる。しかし、守っているうちに不満が出る。ルールの矛盾や非合理に気づく。スポーツやボードゲームのルールに触れ、「ルールは恣意的なものだ」「ルールは変わる」ことが分かる。やがて、「ルールを作る」ことに関心が向かう。誰がルールを作っているのか、なぜこのルールがあるのか、が視野に入り始める。

乙女座はこのプロセスのうち、ルールを学び、ルールを守り、ルールの不備に気づく、というところまでをカバーする。天秤座は、ルールを作ったり変えたりするための具体的なアクション、つまり交渉や調整、議論を管轄する。

「ルールを遵守する」ことは、真面目で倫理的で道徳的なイメージがある。しかし、乙女座の星のもとに生まれた人々の実像は、「真面目で道徳的」なだけとは、とても言えない。確かに几帳面で、責任感が強く、「きちんとしている」ことを重視する傾向はある。ただ、「ルールを守る」ことの根拠は、どうも「正しさ」ではないように思えるのだ。

冒頭の引用部は、「ルール」というよりはむしろ「契約」なのだろうと思う。「最初に橋を渡った者の魂を差し出すなら、橋を作ってやろう」という悪魔の申し出に、人間が応じている。ただ、これは「悪魔の提示したルール」を受け入れた、と考えることもできる。悪魔が細かい交渉事に応じそうには思われない。

橋を作ってもらった人間は、この「悪魔のルール」を遵守している。ただ、そこには狡い作為がある。「橋を最初に渡る」者が「人間でなければならない」とは、悪魔は言わなかったのだ。最初からそれを見越して、人間達は悪魔に橋を作らせた。そこには、ある種の現実的な悪意がある。乙女座の人々はこのような「ルールの運用」を、けっこう好むような気がするのである。それは、騙したり出し抜いたりすることに快感を抱くというよりは、おそらく、「そのルールも誰かの欲望、誰かのニーズによって作られている」ことを見抜いているからだろう。相手にニーズがあれば、自分にもニーズがある。ニーズに優劣も、善悪もない。悪魔は人の魂をとるのが仕事で、人間は悪魔から身を守る権利がある。両者は対等なのだ。ゆえに、ニーズにニーズ、知恵に知恵で対抗して、何の悪いことがあるだろうか。乙女座的な知的価値観は、こうした視点に立っているように思われる。

たとえば昨今、奇妙な校則がマスコミにしばしば「告発」されている。眉毛を整えたとかポニーテールにしたとかで生徒を非難し「矯正」しようとする学校側の、人権侵害を疑うようなニュースである。学校の先生達はその校則をある程度は「合理的・常識的だ」と感じているのだろう。しかし、外部の多くの人々からは、とてもそうは見えない。

乙女座から天秤座のエリアは、比較的小さな、閉じた集団・関係性を扱う。学校や軍隊、夫婦、契約関係にある人々など、ユニットが閉じられていて、ルールは所与のものだ。しかし価値観もルールも、人間の手で、なんらかの人間的動機のもとに作られている。ゆえにその集団内の価値観やルールは間違っている可能性がある。

乙女座はたとえば、「ツッコミの星座」と言えるのではないかと思っている。批判精神が旺盛で、物事の間違いやズレにすぐに気づくし、それを指摘する人々だからである。みんなが受け入れているルールでも、それがおかしいと思えば、鋭く指摘する。つまり、「ツッコむ」。

もし悪魔がいて、人間を騙そうとしていたら、乙女座の人々は多分、それに勘づくだろう。そして「お前は悪魔だ！」と暴露するのではなく、別の方法で悪魔をコントロールできないか、そこを検討し始める。悪魔から見れば「お前の方が悪魔だ！」と言いたいような気がするかもしれない。だが、これは乙女座が「悪」なのではなく、単に眼差しがフラットなだけなのだ。乙女座の人々はしばしば、人にアドバイスする。ツッコミを入れる。でも、不思議なくらい「上から目線」にならない。これは、悪魔の支配から自由でいるための、大事な条件なのだろうと思う。

天秤座　―　絆の星座

〝――君がバラのために時間をついやしたからこそ、君のバラはあんなにたいせつなものになったんだ。(中略)人間は、この真実を忘れてしまっている。でも、君は、忘れてはいけないよ。なじみになったものには、死ぬまでずっと責任があるんだ。だから君は、君のバラに責任があるんだよ……〟

(サン＝テグジュペリ著　石井洋二郎訳『星の王子さま』ちくま文庫)

幾多の書き手があらゆる企画で引用してきた、おなじみの一文である。バラはどんなバラも同じバラで、ありふれている。その中のたった一輪のバラが自分にとって特別なものになるのは、そのバラが突出して美しいからとか、そのバラが自分に特別合っているとか、そんな理由ではない。そのバラがかけがえのないバラなのは、ただそのバラのために費やした、自分自身の「時間」のためなのだ。

バラと王子さまの関係には、サンテックスと恋人コンスエロとの、腐れ縁的なややこしい関係性が表れている、と言われる。ワガママな美しいバラ、よく見れば他のバラと大して変わらないバラ。なのに、自分には他のバラではどうも、ダメなのだ。なぜ他のバラではダメなのか。どうしてそのバラでないと埋まらないものがあるのか。作家の愛の苦悩とその答えが、普遍的な真実として、読み手の胸に新しい花のように咲く。

この一文を読んで思い出すのは、サマセット・モーム『人間の絆』の、フィリップとミルドレッドの関係である。フィリップは若き日にミルドレッドに出会い、深く愛したが、彼女はあくまで冷たく、ふたりは別れてゆく。しかしそののち何度も、彼女はフィリップの前に現れる。そしてくり返し生活の助けを求めては、また彼を裏切って去る。フィリップはどんなに裏切られても、彼女を完全に見捨てることができない。どうしても彼女に「責任」を持とうとしてしまうのだ。最終的には、フィリップは別の女性と、穏やかな愛ある家庭生活を手に入れる。でも、たとえ名前が出てこないときであっても、ミルドレッドへの不思議な「絆」が最後のシーンまで、木霊し続けている。

星の王子さまがどんなに遠く離れてもあのワガママなバラを忘れられなかったように、フィリップもまた、ミルドレッドを忘れなかった。彼女がフィリップの前に現れるたび、彼はもう彼女を愛してはいない、と作家は書く。しかしその表現は、つねに空疎に、虚ろに反響する。私は小説を読んでも、あまり「真実を見抜く」ようなことができない。基本的に、書いてあるままに受け取る。しかしこの作品にだけは、地の文に「うそ」を感じてしまう。

「絆」という言葉は、日本では東日本大震災の時に広く用いられるなど、前向きな意味で受け止められることが多い。しかし『人間の絆』の原題は“Of Human Bondage”、隷属や束縛なのだ。映画化の際「史上最悪のヒロイン」とされ、何人もの女優がその役を断ったというミルドレッドは、確かにフィリップの心をからめとっていた。あんなひどい人間に、そんなに親切にし続けられるものだろうか？　と考える人もいるだろう。しかし私は本作を読んだ時、フィリップがどうしても彼女を見捨てられない、その絶対的な感情に強烈な共感を覚えた。一説に、ふたりの関係はサマセット・モーム自身の体験が下敷きになっており、ミルドレッドのモデルになった人物があったという。そうでなければあれほどのリアリティは出せまい。

星の王子さまにキツネが教えた「責任」とは、すなわちフィリップがミルドレッドに費やした、見返りを求めない限りない思いである。それはきれいなものでも、道徳的なものでもない。論理的でもないし、報われることもない。おそらく世界の終わりに「最後の審判」があるとすれば、彼が彼女にそんなに執着したことを、神は非難するのではないか。

＊＊＊＊

天秤座はパートナーシップの星座であり、交渉、調停、調和、平和の星座である。

人間関係における「調和」「平和」は、ほのぼのしたあたたかなもの、というイメージが浮かぶが、現実にはけっしてそうではない。天秤がほんの僅かな重みの変化でぐらりと傾くように、「バランスをとる」ことは非常にシビアな問題なのだ。

拙著『選んだ理由。』（ミシマ社）はインタビュー集なのだが、そこで劇作家の阿藤智恵さんが、こんなことを語ってくれた。

「世界平和って言うと、みんな誤解するんだけど、みんなで仲良くして、にこにこして、手を繋いで、なんて、そんなもんじゃないんです。みんな仲良く、なんて、そんなの絶対平和じゃない、もしみんな仲良くにこにこしていたら、絶対その陰で誰かが泣いてます。

平和っていうのは、問題がボコボコ出てきてる状態で、みんなでぶつかり合ってる状態だと思う。ぶつかり合っても、相手が生きていることは絶対否定しない、それが、平和です。

死んでしまえ、ということがない。

立場がちがっても、意見がちがっても、けっして相手を殺さないんです。ぶつかり合って、言いたいことを全部言って、解決しないんだけど、けっして殺さない。

だから、平和な世の中は、みんなものすごく口論してるんです。

何も問題が起きない状態が平和なんじゃない、関わりたくない人や見たくないものが、みーんな表に出てきます。解決できない問題が、見えるところに山積みになっていて、みんなが、その問題に対して、何もしてあげられない、っていう悩みを抱えながら生きている、って、それが平和な状態だと思うんです」

「いまは、多くの人が、他人をわかってあげられない、ということに耐えられない。だから、平和じゃないんだと思う。一〇〇回質問して、一〇〇回わからないって言われて、それでも大丈夫なのが、平和。あらゆる人とそれをやらなきゃいけないんです、家の中でも、外でも、職場でも、まわりの人とも。

だから、平和な世の中は、みんなちょっと不満げで、不機嫌だと思う。誰も合わせてくれないし。『合わせてくれているわけではない』から、もし、意見が合う人と出会えたら、すごく感動するでしょうね。もう、すぐ、一緒に暮らしましょう！　ってなるくらいに（笑）」

天秤座の「平和」は、たぶん、こういうことなのだ。人間のニーズはぶつかりあう、権利はぶつかりあう。対等、公平は、非常に手間のかかる営為だ。話し合わなければならず、調整しなければならず、常にいざこざが絶えない。これが平等、平和の実像だ。トップダウンで専制的に「支配」するほうが、ずっと簡単だし、たぶん和やかなのである。ゆえに世の中は、高みから低地へ水が流れるように、全体主義に流れ込んでゆく。少なくとも今の時代は、そんな流れの中にあるように見える。

人間と人間は、ぶつかる。対等であるほど、ぶつかる。現代社会ではそれゆえに、「ややこしい人とは付き合わない」「嫌な関係からは逃げ出せば良い」「居心地の悪い飲み会に参加する必要は無い」などという「ライフハック」が語られる。かつての社会のように、集団に否応なく塡め込まれ、全員が同じように振る舞う必要は無いのだ。就労契約、結婚の契約、そこに書かれた条項だけを守ればいい。他の接触をする必要はない。嫌な人間関係はすぐに切断すれば良い。着信拒否で、たいていの結びつきは切れる。退職の連絡さえ、専門のサービスに頼んで代行してもらうのが賢いやり方だ。お金を払ってその都度「清算」できる関係の方が、ずっとスマートで、合理的で、誰も傷つかないでいられるのだ。

こうした考え方は一見、風の星座・天秤座の世界観によく馴染むように思える。「契約の星座」の天秤座は、契約書通りの関わりを推奨するのではないか、と思える。
だが、ならばなぜ、天秤座は金星に支配されているのだろう。金星は愛の星なのだ。割り切れない、非合理な、嫉妬深くワガママで寂しがり屋の「愛」という感情を司るヴィーナスは、海の波間に生まれた。「契約」のようなカチカチした世界観からは、この女神はかなり遠いところにいるように見える。

人間がぶつかりあい、諍い、あれこれ議論を重ねてやがて、落ち着いて契約を交わすのは、どうしてなのだろう。それは、「そんなに苦労をしても、なんとか関わっていたい」からなのだろう。人間と人間は、どうしても結びついてしまう。どんなに背を向けても、そこに心が残る。時間が経てばまた、思いだし、連絡を取りたくなる。一方が毛嫌いしているのに、もう一方は求め続ける。人間が人間を希《こいねが》ってしまう、その「どうしようもなさ」が、天秤座という星座の土台となっているのではないか、という気がしてならない。星の王子さまがバラを忘れられないように、フィリップがミルドレッドをどうしても見捨てられないように、人間の心はどんなに傷ついていても、「その人」に手を伸ばさずにいられない。

どんなにやっかいな手続きを踏んでも、未来に様々なリスクがあるとわかっていても、人は人と結びつこうとする。結局はそのことをやめられない。人間同士が「ぶつかってしまう」という現実と、それでも結びつかずにいられないという現実、その間に、ゆらゆら揺れる天秤が置かれている。これが、天秤座の世界観なのではないか。

天秤座の人々はまさに、これを体現している。天秤座の星のもとに生まれた人々は、あんなにも他者のために力を尽くし、時間を割く。気を遣い、観察し、知恵を絞る。みんな他者のためである。なのに、そんな苦労はおくびにも出さないのだ。むしろ「あなたに対し、特別な感情など持ってはいません」という態度をとり続ける。他者に対する関心が深ければ深いほど、彼らの態度はつるりと硬化し、距離さえ感じさせるようになる。「愛してはいない」と何度も言わなければならないほど、愛しているのである。

＊＊＊＊

毎年9月23日頃、秋分の日がやってくる。秋分点は星占いでは天秤座の入り口であり、秋分の日は「太陽天秤座入り」と表現できる。日本では、この世とあの世の境目が曖昧になる「お彼岸」である。お彼岸は春分と秋分の時期に設定されているが、星占い的にはこの春分－秋分ラインは、「自分－相手」「自－他」のラインと言える。牡羊座は闘いの星座で、天秤座は平和の星座、結婚の星座でもある。牡羊座と天秤座は180度の位置関係で、相対している。つまり、この組み合わせ自体がある種のカップルのような、一対一の、「つい・つがい」のラインと見なすこともできるのである。

人間と人間の境目が曖昧になることと、この世とあの世の境目がぼやけることは、実は、重なり合っている。先日観た映画『君たちはどう生きるか』でも、そのことを感じた。我と汝、「わたし」と「あなた」の境目が消える時、突如として人間は聖なる時空に落ち込み、起こりえないはずのことが起こる。「その人」のために時間を費やしてしまったら、死ぬまでどころか死んだ後までも、その人の存在に心を摑まれ続ける。

普段の忙しい生活の中では思い出すこともなくても、人間は星の特別な時間を使って、死んだ人たちのことを思い出す文化を創り上げた。子供の頃に教わる「ご先祖さま」は不思議な、顔のない集団のような古い魂だ。しかし大人になればなるほど、お彼岸に出会える「その人」の顔は、現実の、深く見知った顔になる。

蠍座 ― 欲望の星座

〝マルクスは、物神、亡霊、幽霊などという語を、よく冗談めかして使った。（中略）私の考えでは、さまざまな霊的な力は、たんなる比喩ではなく、異なる交換様式に由来する、現実に働く、観念的な力である。〟

（柄谷行人著『力と交換様式』岩波書店）

2023年夏、青土社「現代思想」の「スピリチュアリティの現在」という特集に寄稿する機会を頂いた。そこで「スピリット」とはそもそも何だろう？ と考えていたのだが、さすがに話がでかすぎるのでそっちに向かうことはやめた。やめたのだが、たまたま読んでいた『力と交換様式』に「霊」の話が出てきてドキドキしたのだった。

読書の習慣のある人々には「あるある」だと思うのだが、併読する数冊の本が、互いに全く別ジャンルの無関係な本なのに、なぜか内容が繋がっている、と思えることがある。

この時もそうだった。

マルクスの言う、貨幣や商品に入り込んだ「物神（フェティシュ）」「霊」、欧米社会で語られる「スピリチュアリティ」の「霊」は、日本人が親しく用いる「霊」とは、かなり違うものなのだろう。日本の霊は「取り憑く」が、キリスト教圏の霊は「入ってくる」のである。神が身体に吹きこむもの、ボディに住み着くものだ。福音書にも霊の描写がある。人間に入った悪霊をイエスが追い出したところ、この悪霊がブタの群れに入って、ブタたちはレミングよろしく崖を駆け下りてゆくのだ。日本の亡霊や幽霊と、この「ブタに入って駆け下りていく」霊は、どうも違う。

たとえば高級なブランドバッグを手に入れ、友達に見せたりSNSで「シェア」したりする場合、このバッグは購入後も、交換価値的な「物神」性を維持している。所有者に「物神」の御利益が乗り移って、キラキラした価値の輝きを放つ。ブランド品と同じように価値ある人だと見なされ、褒められ、憧れられる。

昨今「推し」「推し活」という言葉がごく普通に使われている。「推し」のためにコンサートのチケットやグッズを買うだけでなく、「推し」のタレントが出演するCMの商品を大量に買うことで「推し」を応援するというやり方があるそうだ。

このような購買行動では、いったい何を買ったことになるのだろう。そう考えると

「霊」という言葉に、妙なリアリティが感じられる。寺院に納められた仏舎利のように、ファンは「推し」の霊のかけらを買っているとは言えないか。霊は買えば買うほど心の中で育ち、ふくらむ。自分に「入って」くる。

国土とか、非常に大きな利権なども、人間が欲しているはずなのだが、庶民にはその欲望のありようがよく見えない。誰がどうやってそんなに大きなものを欲し、巨大な暴力を行使しているのか、共感的にはわからない。それは本当に「人間の欲望」に従属したものなのだろうか。

多分、その力を行使している人々は、自分の欲望によってそうしているとは考えていないだろう。自分は義務や使命、聖なる掟に従っている、と感じているだろう。やむをえずやっている、と感じているだろう。これもどこか「霊に取り憑かれている」気配がある。その欲望は心身から立ち上がる血の通った情念ではないのだ。外部から入り込み、取り憑いた霊なのだ。その霊からは決して、逃れられないのだ。

＊＊＊＊

「欲望」といえば、蠍座、そして牡牛座マターである。

前の稿でも述べたが、対岸に位置する二星座は「ポラリティ（極性）」によって結びついている。ひとつのテーマを裏と表から扱うような関係になっているのだ。牡牛座‐蠍座は対岸に位置し、ワンセットである。この二星座は元々、物質的富や所有、支配、獲得といったテーマに関連付けられている。

牡牛座と蠍座のテーマに「交換」はないが、実は潜在的に「交換」が刻印されている。牛は古来、宗教儀式における犠牲獣である。サソリは人を殺す毒を持つ。神話の上では、神がサソリを放ち、人が死ぬ。人間は獣や人の命を、古い時代から神々に捧げてきた。それと引き換えに、雨や安全や戦争での勝利や豊饒などを、神々から受け取ろうとしてきたのだ。神々もまた、人間に取引を申し出ることがあったが、その多くは「命」を対価に指定している。つまり、神々と人間との間で行われる霊的交換が、牡牛座‐蠍座の元々のテーマなのではないか、と思えるのだ。

日常的な所有や獲得、欲望、奪い合い等のテーマにも、不可解な「霊」「神」の気配がある。即ち、だれもが食べる分だけ、生きていくのに必要な分だけを欲しているわけではないのだ。「推し活」のように、よく考えれば何を買っているか解らないのに、買っている。高価なブランド品に払った対価で、一体何が欲しかったのか、まともに説明できはしない。手に入ったものがなんなのか、私たちは無頓着なのだ。それは、交換されたのが「霊」のようなものだったからではないか。

牡牛座の「所有」するものは、お金や宝石、食べ物、芸術品など、かなり具体的で、現実的である。一方、蠍座が「所有・獲得」するものは何かというと、性的な行為であったり、他者の心であったり、命であったりする。蠍座は支配の星座、官能の星座、そして死と関係が深い星座なのだ。遺産や遺伝なども、蠍座と関係が深い。これらもまた、他者から獲得してくるものたちであり、「霊」のこもったものである。牡牛座の「所有」にまつわるものたちは、それがもともと誰の物だったかを問わない。しかし、蠍座の世界で獲得され、所有されるものは、「それがもともと誰の物だったのか」が、何よりも重要なのである。ブランド品や「推し活」で手に入るものもまた、そうである。そこには、他者の霊が乗っかっている。蠍座の人々は貪欲だとされるが、その欲するところのものは、モノやサービスやお金、「それ自体」ではない。それに吹きこまれた霊、そこに込められた他者の気配なのだ。たとえ蠍座のその人が「世の中はお金が全てだ」と嘯いていたとしても、その人がやりとりしているものは、決してお金やモノ「それ自体」ではない。そこに価値を見出してはいない。その人が欲しいのは、人の気持ち、人の霊、すなわち「他者の本体」なのではないか。

人間が所有という概念を思いついたのは、死体を見たからではないか、と私は想像したことがある。さっきまで生きていた人間が、今、動かなくなる。何かを奪われた死体（ボディ）が横たわる。生きている私たちは命を所有している。あるいは、生命＝魂が身体を所有している。そう考えると、牡牛座－蠍座のテーマが、生きることや死と結びつくのも、納得できる気がするのだ。

射手座　—　弓矢の星座

〝この暗黒の蛮行は、ゴビ砂漠から発生したものでも、アマゾンの雨の密林から発生したものでもなかった。じつに、ヨーロッパ文明の内部から、ヨーロッパ文明の核心から立ち現われたのである。虐殺された人びとの悲鳴は諸大学にも聞こえるあたりで響き、サディズムは劇場や博物館をぬけでて往来をまかり通ったのだ。一八世紀の末に、ヴォルテールは自信満々、拷問もいずれ跡を絶つだろうと期待し、イデオロギーから生ずる大量虐殺も、いずれは追放され、ただの影になるだろうと期待した。ところが、われわれ自身の時代に、文学・哲学・芸術的表現という高尚な場は、ベルゼン強制収容所の書き割りと化した。〟

（ジョージ・スタイナー著　由良君美他訳『言語と沈黙――言語・文学・非人間的なるものについて』せりか書房）

「ベルゼン強制収容所」は、かのアンネ・フランクが命を落とした「ベルゲン・ベルゼン強制収容所」のことだろう。ユダヤ人のスタイナー自身はまだ少年だった第二次世界大戦中、両親とともにパリからアメリカへと脱出し、生き延びた。

これはもちろん、第二次世界大戦を語った一文なのである。だが、本稿を書いていた2022年春、ロシアのウクライナ侵攻のニュースを目の当たりにしていた私の目には、リアルタイムの生々しさで映った。ヨーロッパ某国のテレビニュースで、白人のレポーターが興奮しながら「これは遠くアラブ諸国ではなく、私たちのすぐそばで、私たちと同じ青い目、白い肌の人々の間に起こっていることなのです！」といった内容のことを口走って批判されていた。まるで同じことを言っているのである。奴隷貿易の時代、植民地時代から今に至るまで、圧倒的暴力で世界中の無辜《むこ》の人々を蹂躙したのは、砂漠や密林の人々では、けっしてなかった。なのに、当事者の末裔たちはなぜか、そうは考えないようだ。

平時、戦争はあらゆる意味であらゆる人から「遠い」。

引用部でスタイナーが「砂漠」や「密林」を持ち出すのは、地理的な距離以上に、文化的距離が「遠い」からだ。戦争が終わったとたん、人間は一気に戦争のことを遠ざけるらしい。この「遠ざける」仕草は、悪気があってするのではない。生き残った自分たちが、これからも生きていくためにするのだ。1948年かその後少し経った頃のドイツ人の雑談を、スタイナーはこんなふうに紹介する。「そりゃあ、たしかに幾つかの強制収容所はあったし、〈世評によれば〉、たくさんのユダヤ人や、そのほか運のわるいひとたちは撲滅されはした。しかし、六〇〇万なんてことはないよ、ねえきみ、そんな沢山なんてことないさ。こりゃあ、宣伝にしかすぎないよ、ねえ」。衝撃はやわらげられ、涙は隠される。そうして押しやられた戦争は、すぐに時間と距離の向こう側にかすむ。海の向こうでなら起こってもおかしくない「野蛮な行為」。遠い昔の無学な人々なら起こしてもおかしくない「残虐行為」。しかし戦争が起こるとそれらはいきなり近くに押し寄せてくる。もちろん、したり顔で「私はこうなることを解っていた」という自称予言者もたくさんいる。でも、多くの善良な人々は、戦争を繰り返すごとに押しやって、戦争が押し寄せてきてはびっくりしてきたのだ。この奇妙な人類の歴史的習慣は、本当に、終わらせることができるのだろうか。

10年以上前、ホーチミン・シティにほど近い戦争の遺構クチトンネルで、私はライフルを試射したことがある。気が進まなかったのだが、ガイドに半ば強引に勧められて、仕方なくＡＫ－47を構えたのである。おそらく私が試射の弾を買うと、キックバックがあるのだろう。親切なガイドにチップを少々はずむような気持ちだった。

世界で最も多くの人を殺した武器とされるカラシニコフは、大きさの割に軽く感じられた。狙う的は、茶色いイノシシのような絵が描かれた板だった。10発ほど弾を買い、やり方を教わり、数発撃ったが、ちっとも当たらない。しかし、何度か打ち続けるうち、どうにかして当ててみたい、と感じた。的中したら気持ちがいいだろう、と思った。さらに、あの的が板ではなく、本当の動物ならどうだろう、と思い始めた（！）。

その感情を自覚した瞬間、私は心底怖くなった。35度の温気のさ中、ぞっとした。トンネルの脇では観光客向けの記録映画が大画面に上映されていた。画面の中では可憐な少女たちが私同様、銃を構えていた。自分の中に人を殺すほどの暴力性があるなど、知りたくなかった。戦争のニュースを目にして、まず「弱者」「被害者」たちの恐怖や怒りに共感したくなるのは、まだ平和の中にあるからなのだ。

最初にあの分厚い文学評論『言語と沈黙』を読んだとき、私はスタイナーがユダヤ人だとわかっていながら、「この人は戦争を「やった」側なのかな」と何度か錯覚した。彼はユダヤ人として、世界のアウトサイダーとして、人類全体の過去を自分のアイデンティティに引き受けようとしているのか。それが不可能なら文学になんの意味があるものか、と、彼がやけくそに怒鳴り上げているようにも思えた。

そして2023年秋以降、「ジェノサイド」という言葉はユダヤ人を巡り、彼我が反転して用いられつつある。

＊＊＊＊

射手座は文字通り、弓矢の星座である。時代が下がってからは、銃器による射撃も、射手座の管轄とされる。日本語では「弓矢とる身」と言えば、武家であることを意味した。さらに、射手座は移動の星座でもある。射手座のモチーフであるケンタウルスは、腰から下が馬になっている。馬は古い時代、交通・運搬手段であると同時に、戦場での乗り物でもあった。戦争ではゾウが用いられたこともあるそうで、馬だけでなく大動物全般が、射手座の管轄とされる。現代では軍用馬にかわり、戦車や飛行機、ミサイルが機動力を担う。ゆえにこれらも、射手座の配下にある。

グローバリズムが世界を覆い、遠くで起こっているはずの戦争も、今や「我がこと」として受け止められる。ウクライナやパレスチナの惨状を目にして、日本で反戦の声を上げ、デモを行う人々は、射手座的な活動を行っている、と考えることができる。もとい、権力に集団で訴えかける行為は水瓶座と関係が深いが、海を越えた外つ国のことについて訴えている、という点で、射手座的なのだ。

不都合なこと、見たくないことを、多くの人は遠ざける。見なかったことにする。誰もが頭の中に「世界」を作り、近くに置きたいものを近くに、遠くに置きたいものを遠くに置いて、その脳内の「世界観」の中で生きている。射手座の人々ももちろん、そうである。しかし彼らは、その「世界観」が砂上の楼閣であることを知っている。さらに、その砂が固まってしまわないよう、常に砂上の楼閣を壊すような行為を続ける。それが旅であり、学びである。射手座は旅と学びの星座だ。射手座の「旅」は決して、ただ遠い距離を超えてどこかへゆく、ということだけを意味しない。彼らは、一度行った場所には、あまり興味を持たない。なぜならそれは、もう「遠く」はないからだ。大事なのは物理的な距離ではない。知っているかどうか、ちかしいかどうか、という心の距離なのである。遠かったものをちかしいものに変えるのが、射手座の旅である。

多くの人が心の中で遠ざけたものを、射手座の人々はわざわざ、探しにゆく。射手座は古くは、宗教の星座であった。宗教もまた、人々が「都合が悪い」と遠ざけたものを取りにゆく営為である。物理的距離だけではなく、文化的距離、心理的距離、時間的距離を超えて、射手座的なマインドは、人が日常の中で遠ざけてしまったものを取りにゆこうとする。

しかし射手座は、弓矢の星座でもある。弓矢は、武器である。他者を、獲物を、殺傷するためのものである。射手座は哲学と宗教の星座でありながら、闘いや暴力と無縁ではない。このことをどう解釈すればいいのか、悩まされる。しかし古来、宗教や正義と無縁だった戦争はあるだろうか。たとえベニヤ板のごとき薄っぺらいタテマエであっても、全ての闘争は正義や理想のために行われる。闘いがなければ正しさはない。迫害と殉教の物語のいっさいない宗教はあるだろうか。宗教もまた、闘いと一体である。

射手座は理想と哲学の星座であり、旅と宗教の星座である。しかし、射手座のもとに生まれた人々は、なぜか自分の正しさを、心の底では信じていないように見える。自分の内なる暴力性、闘争心を、無視していないように見える。自分の一部である荒ぶるもの、弓矢の一族であるという自覚を、常に手元に置いているように見える。

彼らの不思議な優雅さは、そんな精神の強靱さから来ているように思われる。心の距離を超えて自分の悪を取りにゆく、そのしなやかな心の筋力から生まれているように思われる。

山羊座　―　組織の星座

〝まず、交流は依存を生みやすく、依存は支配を生みやすいということが忘れられてはならない。〟

（高坂正堯著『国際政治　改版』中公新書）

これは国際政治の話である。国と国、経済圏と経済圏、勢力圏と勢力圏の関係を語る文脈で出てきた一文である。なのにこの一文は私の目には、ごくシンプルに「人間同士のやること」の公式のように飛び込んで来た。「モノとモノとの間には万有引力が働いています」と言われたかのように、鮮やかな真理として心に響いた。マクロからミクロまで、人間が作る「関係」のどのレイヤーでも、多分このルールが当てはまる。

「若いとき「絶対にあんな大人にはなりたくない」と思ったような大人に、いつのまにか自分がなってしまっていた」という普遍的なセリフがある。他者と交流し、いつのまにか依存し、支配関係が生まれたところに、この現象が起こる。

最初は純粋な理想と希望を抱き、世に出た。色々な人と知り合い、学び、成長したいと願った。できるならより大きな力を得たいと望んだ。自分より力ある人と交流し、より大きな力をくれる集団に所属し、認められようとした。あるいは個人として愛され、必要とされるために、全力を注いだ。気がつけばその人間集団に依存し、支配されている自分がいて、すでにその集団から出られない。もし、意を決してそこから逃れ出たとすれば、自分を守ってくれるものは何もない。

このありふれたストーリーを、様々なハラスメントのシーンに重ねる人もいれば、部活やサークルでのイジメ、カルト集団のオルグ等に重ねる人もいるだろう。ＳＮＳでのエコーチェンバー、権力者によるグルーミング、反社会的集団の洗脳など、あらゆる人間の集まりにおいて、まるで同じことが起こる。

人間は弱い。弱いからこそ結びつきあって、大きな力を作ろうとする。暴力、お金、権力、知力、影響力、そのほかあらゆる力を「皆で集まって大きく」しようとする。するとこの力が、そこに所属する当の弱い人間を「作用と反作用」のように、がんじがらめに縛り上げる。

＊＊＊＊

山羊座は人間集団の星座である。人間は様々な集団を作るが、山羊座はその中でも特に、トップダウンの強く閉じた組織、国家権力、伝統的な組織、社会的に権威ある組織、揺るがぬ岩山のような組織、城塞のような組織を管轄する。山羊座は攻撃と防御で言えば、防御の星座だ。攻撃するときも、あくまで「守るため」に攻撃する。たとえ侵略的な攻撃だったとしても、それは他の力ある存在とのパワーバランスを考えた上での「自分を守るための、苦肉の策」なのだ。

２０２０年頃からのここ数年だけでも、ウクライナや、香港や、パレスチナや、ミャンマー等、多くの場所で残酷な、悲惨な出来事が起こってきた。それを目にした多くの人々が、小さな個人にはどうしようもない、止めたくても止める術がない、と絶望的な無力感に苛まれた。しかし、弾圧や戦争は、人間の集団が行う。

引用部のとおり、人間ひとりひとりの交流が依存になり、依存が支配になる。支配は「される」側だけでなく「する」側でも、ほぼ無意識に始まることがある。したいと思ってしているのではなく、いつのまにかしてしまっているのだ。大きな集団の間に働く「力学」も、個人の間に働くそれも、同じものなのだとすれば、自分にもその大惨事を引き起こすような力の欠片がある。もとい、既にその大惨事にある意味、加担している。「普通に生活している」だけで、加担している。それが人間集団、人間社会で生きるということだ。戦争は自然災害とはちがう。人間がやっていることなのだ。自然災害のように感じがちだが、自然災害ではない。もとい昨今の「自然災害」は、戦争同様、人間集団が引き起こしているようだ。

社会的な人間集団に関係する星座は、山羊座だけではない。水瓶座も、大きな人間集団、社会的人間集団の星座である。とはいえ、両者の象徴する「人間集団」は、非常に対照的である。すなわち、山羊座は集団組織のために個人が大きな犠牲を払う世界だが、水瓶座は個人の自由と独立が守られた人間集団を象徴するのだ。山羊座はヒエラルキーの階層組織、水瓶座はフラットなネットワークの集団、というイメージである。山羊座は権力の星座で、水瓶座は友情の星座とされる。人と人とを結びつけている力が異なる。水瓶座的な集団は、オープンで、参加と離脱が自由で、誰も縛られず、上下関係もなく、依存も支配もない、とされる。しかし、いったいそんなことが、人間に可能なものだろうか。

人間は3人集まれば、派閥ができる。力関係が生じる。どんな場にも上下関係が生じ、たいていの集団にはイジメがある。子供でも大人でも、高齢者でもおなじことである。フラットな関係に起こるのがイジメで、上下の間で起こるのがハラスメントだとするなら、水瓶座的な集団でも、山羊座的な集団でも、起こりそうなことはそれほど、違わない気もする。

山羊座の人々は、人生の中で何度か、社会的集団との関わり方を変える傾向がある。その変化のプロセスは一様ではないが、「組織」との距離感や人間集団への価値観が、かなり大きく変わる人がいる。たとえば、ガチガチの組織人だった人が、突然組織に背を向けて、離脱する。あるいは、自ら大きな組織を作っておいて、最終的にその組織を解散させたりする。手にした権力の使い道を変える人もいる。組織や権力と真正面から向き合った人ほど、最終的には組織や権力を相対化し、自分なりの自由を手に入れる。この「自分なりの自由」はしかし、隠者のような自由ではない。あくまで社会とのつながりを保った上で、つながり方を変えてゆくのだ。

この変化は、山羊座の人々の「守りたいもの」と「守り方」が変遷することによって起こるのではないかと思う。たとえば一般に、人生の早い段階では、社会的に弱い立場に立たされたくない、という思いが強い。社会を広く見渡して、山羊座の人は素早く学ぶ。世の中には力を持つ者と持たざる者がある。自分は力を持つ者となって、ゆくゆくは力を持たざる者を守る立場に立つのだ、という清新な情熱に燃える。しかし経験と年齢をかさねるにつれ、次第に「力を持つ」ことが目的化してゆく。力を手にし、力を持ち続けるために、すべての知恵と労力が注ぎ込まれる。そのうち、人生の岐路に立つ瞬間が訪れる。そこでは「力」ではどうにもならないことがテーマとなる。たとえば愛や、生や死や、深い悲しみや怒りなど、努力ではどうにもし難い人生の一大事に投げ込まれる。そこから、この人の「力」への考え方が変わってゆく。

年齢をかさねた山羊座の人々が、時にびっくりするほど純粋な、若々しい理念を活き活きと語ることがある。それは、未熟さが保たれたものではなく、長い成熟の道のりの果てに、再発見されたものだ。引用部に倣えば、「交流が依存を生み、依存が支配を生ん」だその先に伸びる、真の自由へのルートである。

＊＊＊＊

２０２４年11月、冥王星が山羊座から水瓶座に移動する。冥王星は非常に大きな力、巨大な暴力や財力、地中の黄金を象徴する。水瓶座というオープンでフラットな世界にこの冥王星が入った時、世の中を見えない所から支配していた強大な力は、理想によって分解され、より広い範囲にオープンに分配されうるものだろうか。あるいは科学技術の星座・水瓶座に入った冥王星は、ＡＩによる新たな「見えない支配」を象徴するだけなのだろうか。人間が創り出したものが人間を振り回すのは、集団でも暴力でも人工知能でも、同じことのように見える。２０２４年は冥王星が動く年、星占い的には大きな時代の節目である。２００８年からのひとつの時代が終わり、２０４３年頃までの時代が始まる年である。

水瓶座　——　未来の星座

〝ディエゴ・エルバスは、ネズミが引き起こした災厄を元通りにするのに八年をかけた。著作の復元がほとんど終わったころ、たまたま外国の新聞を手にする機会があった。それを読むと、知らぬうちに、学問はかなりの進歩を遂げているのが分かった。エルバスはまたしても苦労が増したことにため息をついた。〟

（ヤン・ポトツキ著　畑浩一郎訳『サラゴサ手稿（中）』岩波文庫）

『サラゴサ手稿』は、デカメロン物語やアラビアン・ナイトのような、たくさんの物語を詰め合わせた長編小説である。主人公アルフォンソの遍歴の旅、そこで出会った人々の語る物語で構成され、一連の物語は最終的に、主人公もその血を引くゴメレス一族の物語に回収されていく。一読しただけではどう繋がっているのかこんがらがってくるが、とにかくひとつひとつの「お話」が面白くて、ページを繰る手が止まらない。

引用部は学者ディエゴ・エルバスのエピソードの一節である。ディエゴは優れた知性に恵まれ、ある野心を抱いた。デカルトやフェルマーなどの大家と肩を並べる書物を、敢えて匿名で執筆し、書物が有名になったところで著者として名乗り出て栄光を手にしたい、と考えたのだ。かなり複雑な自己顕示欲だが、彼は夢に向かって猪突猛進、やがて１００巻からなる文字通りの百科全書をものした。一巻がひとつの学問に割り当てられ、自然科学から神学、魔術に至るまで、最新の知識が全て網羅されていた。しかしこの渾身の力作はネズミに齧られたり、書店に「25冊に削れ」と言われたりして、結局、日の目を見なかった。野心は潰え、彼は悲嘆のうちに生涯を終えた。

この悲しい話を読んで思い出したのが、フローベール『ブヴァールとペキュシェ』である。ふたりの孤独な筆耕が偶然道端で出会い、いきなり意気投合する。一方の夢のような遺産相続を機に、一緒に田舎へ隠居して、暇にまかせてあらゆる趣味や学問に手を出しまくり、ことごとく挫折していく、という身も蓋もないストーリーである。ディエゴ・エルバスの物語でも『ブヴァールとペキュシェ』でも、最終的に「知」は、何ももたらさない。形にもならず、実にもならない。彼らは巨大な知という幻に人生を賭けて、その賭けに大負けに負けるのだ。

『サラゴサ手稿』も『ブヴァールとペキュシェ』も、今から100年以上前に書かれた作品である。当時の「百科全書」にある「正しい知識」と、現代のそれは当然、大きく異なる。引用部のように、執筆の最中で既に、新知識が既存の知識を追い抜いていく。その300年ほど後を生きる私には後出しジャンケン的に、彼らの追いかけたものが「幻」に見える。ネズミに齧られても齧られなくても、いずれディエゴ・エルバスの原稿は、時間に吹き飛ばされ粉々に消えてゆく運命なのだ。

昨今「価値観のアップデート」「新しい知識のインストール」といった表現を随所で目にする。僅か10年、20年前には通用した考え方が、今では通用しない。過去に無意識にやってきた間違ったふるまいを、ソフトウェアをアップデートするごとく、新しく適切な知識によってどんどん上書きする必要がある。とはいえ、知識や価値観、思想の「上書き」は、それを簡単にできる人々と、そうでない人々がいるようだ。一昔前は、ソフトの新しいヴァージョンをインストールする際、「まず旧版をアンインストールしてください」というものが結構あった。多分、人間の知識の「アップデート」の際には、古い知識と一度、キッパリ決別しないといけないケースがあるのかもしれない。

＊＊＊＊

水瓶座の話をするとき、私はいつもそのひとつ前の山羊座とセットで語るクセがある。水瓶座は未来の星座であり、革命の星座だ。反抗、批判の星座だ。ゆえに、水瓶座的な力が離脱しようとしている過去、変えようとしている古い体制、反抗や批判の対象となる「既存のシステム・価値観」のことを語らざるを得ない。新しさは、古いものとの比較でしか語れない。水瓶座は風の星座、つまり相対性、関係性の星座である。比較対照することで、水瓶座の世界観がはじめて、見えてくる。

水瓶座と山羊座は隣り合っている。星占いにおいて、実は隣り合う星座は、対照的である。お隣だから似ていそうなものだが、そうではない。繋がっている部分はもちろん、あるのだが、ひとつの星座から次の星座へと駒を進めるとき、そこに「飛躍」が起こる。古い世界から新しい世界へと、思い切ってジャンプしなければ進めないような、断絶があるのだ。

水瓶座と山羊座の間にも、もちろんそうした断絶がある。ただ、この2星座にだけ特殊な事情もある。というのも、両者は古いシステムでは、両方とも土星に支配されている星座なのだ。隣り合う2星座を、同じ王様が支配している。「隣同士で、同じ星に支配されている」という組み合わせは、他にない。

「支配星」は12星座すべてに割り当てられている。牡羊座と蠍座は火星、牡牛座と天秤座は金星、双子座と乙女座は水星、蟹座は月、獅子座は太陽、射手座と魚座は木星、そして、山羊座と水瓶座が土星である。もとい望遠鏡の発明以降、天王星・海王星・冥王星が発見されたため、今では元々のシステムから少し変更されて、蠍座に冥王星、水瓶座に天王星、魚座に海王星が割り振られている。とはいえ、本来の支配星が否定されたわけではない。

支配する星の世界観はそのまま、星座の世界観に通じる。王様の性格は国の文化に反映されるわけだ。闘いの星・火星に支配された牡羊座と蠍座は、それぞれ「闘い・攻撃」の象意を持つ。双子座と乙女座は水星的な「知性」と関係が深いし、獅子座はそのまま「太陽の星座」と表現されるくらいである。

その点、非常に対照的な山羊座と水瓶座が「同じ星を背負っている」ことは、なかなかやっかいなのである。

北半球で生まれた星占いにおいて、山羊座と水瓶座は「冬の星座」である。対岸の獅子座と蟹座は「夏の星座」である。夏は光溢れる季節であり、そのイメージ通り、全天でもっとも明るい太陽と月が、両者の支配星に割り振られている。ふたつの光の星座から最も遠い冬の星座は、最も暗い、冷たい星である土星が支配する。そういうリクツになっている。

土星は理性の星である。制限、抑制、宿命、冷却、責任、重圧、努力、時間の星である。ストイックな努力の星、堅牢な伝統の星、老獪な権力の星である。また、長い時間をかけて築き上げられた知恵の星でもある。

寒い冬は、人間にとって脅威である。実りのない酷寒の季節をなんとか生きのびるために、人間は寄り添い、集団となり、力や財を出し合って協力する。役割を分担し、消費を制限し、ひとりがみんなのためにガマンする。城塞を築き、困窮する敵の攻撃を防ぐ。厳しい季節に対抗するには、蓄積された経験が頼りである。これが山羊座的なイメージである。

一方、新しい技術を生み出すこともまた、大自然の脅威に立ち向かう方法である。現代社会では電力があり、情報通信技術があり、新しい移動手段がたくさんある。古い技術や経験に頼っているだけでは、冬の苦しみは楽にならない。毎年一定数の犠牲者が出るような状況ならば、それは改善されなければならない。洪水に対抗するにはダムを造り、干魃に対するには水路を引く。これが水瓶座のイメージだ。理性による努力、という土星のテーマは、確かに、水瓶座のものだ。

水瓶座の星のもとに生まれた人々はゆえに、みんなが「当然」とする考え方を、つねに疑っている。これまで通りにしていれば安心、みんなのやるとおりにやれば安心、という考え方とは、全く無縁に生きている。彼らは奇をてらっているわけではないのだ。むしろ「これまで通り」にすることの危険、古い知識に留まることのリスクに、戦慄しているのだ。土星は「攻守」でいえば、守りの星である。水瓶座の人々がしばしば、周囲からエキセントリックと思われるような態度をとり、あるいは突飛なアイデアを実行に移すのは、決して「攻め」の姿勢ではない。これは彼らにとっては守り中の守り、古い価値観に足元を絡め取られて転ばないための、最大の防御なのである。

＊＊＊＊

山羊座は「過去」で水瓶座は「未来」の星座である。山羊座の伝統的価値観を新時代にあわせ「上書き」するのが水瓶座の機能だ。２０２０年から２０２６年頃にかけて、そのアップデートの入り口に、冥王星が位置している。冥王星は「破壊と再生」の星、価値観のイニシエーションの星だ。新しい知と価値観の世界・水瓶座に入るゲートに、マグマのような炎を纏った冥王が立ちはだかっている。古い価値観はこのゲートで、冥王の炎に焼き尽くされるのだ。これは言わば、インストール前のアンインストールではないか。過去の自分への自己否定、古い価値観の焼き払いには、文字通り焼け付くような苦悩が伴う。

水瓶座の支配星、天王星は流行やメディアを象徴する星でもある。たとえば日本ではこの時期、ジャニーズ事務所の問題が注目された。他にも、長い間メディアで大きな力を持っていた人々や組織が、水瓶座的な未来の価値観への扉の前で、冥王星的「破壊と再生」の炎に焼かれていたようだった。

魚座 ― 涙の星座

〝涙の聖人としてのフランシスコは泣いてばかりいました。泣かないことが立派なのではありません。泣かない人間が強い人間であるわけではありません。人間は泣きながら生まれ、泣きながら生き、泣きながら死んでいくしかないのです。〟

（山内志朗著『小さな倫理学入門』慶應義塾大学三田哲学会叢書）

本稿を書いていたのは、2022年7月10日であった。ほんの2日前に安倍晋三元首相が暗殺され、世の中が騒然とする中、参議院選挙の投票日となった。ちなみに私は6日に期日前投票を済ませていたので、暗殺事件直後の投票、というある種特殊な体験はしなかった。

私は1974年生まれで、「一番古いテレビニュースの記憶」は、大平首相死去のニュースである。両親や祖父母などがブラウン管テレビの前に立って集まって、「これは大変なことになった」と話し合っている様子が、鮮やかに記憶に残っている。5歳の心にも「これは大変なことなのだ」という社会的動揺が流れ込んだのだ。

今回も多くの人がショックを受けたようだった。「事件の映像を見て涙が止まらない」「特に元首相のシンパでもないのに動揺で何も手につかない」などというコメントがSNSにたくさん流れた。それを目にした人々が「辛い気持ちの人は、テレビを消して、スマートフォンから離れて！」「いつも楽しんでいる動画など、他のコンテンツに触れましょう」のような呼びかけを行っていた。

現代、私たちは膨大な情報の波に半ば溺れながら社会の生活を送っている。特にこうした時は、ショッキングな映像がくり返しくり返し、人を洗脳しようとするかのごとく流される。衝撃的な映像は人の心をぐっと捉え、飲み込んでしまう。見たくなくても目が離せない。画像の印象や、流れていく雑多な情報の渦に脳みそを奪われる。そして、自覚しないうちに深い傷を負うこともある。確かに、「ニュースから物理的に距離をとれ」というアドバイスは役に立つ、大切なものだ。

だがその一方で、私の胸にはひとつの疑問も浮かんだ。
ショッキングな事件が起こり、衝撃を受け、涙が出て、何も手につかなくなる。普段のルーティン、やるべきことが滞る。それはかつて、重要な人生のエピソードだったのではないか。人生には、喜びもあれば悲しみもある。驚きがあって、怒りがあって、倦怠がある。それを生きるのが、人生ではないか。

現代を生きる私たちは、自分をまず「身体」としてとらえる。フーコーの「生権力」の内面化とでもいうのか、「私の脳は今、衝撃的なニュースに反応し、ショックを受けている。ゆえに、ニュースというインプットをまず遮断して、より安定した脳の状態になるような働きかけをすべきだ」という考えが、適切な、正しい判断と感じられるのだ。

「衝撃的な事件を目の当たりにし、ショックを受ける」ことはもはや、人生の重要なワンシーンとしてではなく、身体に起こった一時的な異変に過ぎないのか。私たちが「泣きながら生まれ、泣きながら生き、泣きながら死んでいく」ことは単なる生理現象で、それ以上の意味はないのか。意味がなくても、私たちは生きていけるのだろうか。――いや、生きていけるのかもしれない。

「『全体主義的』という言葉はきわめて肯定的な響きをこめてイタリアのベニト・ムッソリーニによってつくられたものである。（中略）その基本原理は「国家に逆らうもの、国家抜きのもの、国家に外在するものはなにひとつ」あってはならないというものであった」（ピーター・バーガー、アントン・ザイデルフェルト著　森下伸也訳『懐疑を讃えて』新曜社）。私たちの涙が私たちの人生のものではなく、ただ身体の変調であるなら、たとえば「全体主義」に、どう逆らえばいいのだろう。

「個人の自由」や「尊厳」という言葉は、袋のようなものではないかと私は想像していた。その袋の中に入るものは「人生」であり、人生はたとえば涙や痛みなどでできているだろうと思っていた。しかし、もし涙や痛みが大切な人生の一部ではなく、制御すべき身体反応でしかないなら、袋の中には一体、何が入るのだろうか。その袋は、議論の主体たり得るだろうか。

＊＊＊＊

以下は、ｎｏｔｅで書いた「涙の度数」から改稿した。本書のまとめ作業の中で、まるでここに置くために書いたようだ（！）と思えたからである。

ホロスコープ360度の中で、特別に「涙の度数」と呼ばれる場所がある。星座の29度（29度から30度、つまり次の星座の0度までのところ）が、それにあたる。特に水の星座の29度、または蠍座の29度を「涙の度数」とする、という説もある。たとえば、占星術研究家の松村潔氏は、12星座の全ての29度が涙の度数であるとしつつ「典型的な涙の度数となるのは、蠍座だけです」（松村潔著『増補改訂版　最新占星術入門』Ｇａｋｋｅｎ）としている。

ホロスコープの上で、星座から星座へと、星々が移動していく。時計盤の上を時計の針が動いてゆくのと同じである。「星の時間」が、この動きによって刻まれていく。「星の時間」といえばロマンティックな感じがするが、地球上の時間というのはそもそも、星の時間である。地球の自転があり、公転がある。太陽が昇って沈む。ぜんぶ「星の時間」である。星に刻まれる時間である。私たちは常に、星の時間を生活している。

時折の逆行はあるものの、基本的に星々（占星術で使う、時計の針となる星。太陽、月、惑星、冥王星等）は各星座を、0度から30度（次の星座の0度）にむかって進む。0度は「国境」だ。太陽が星座の0度を踏む日、日本のテレビニュースでは「今日は、暦の上では、大寒です」などと言う。すべて二十四節気の中気である。

星座に入ってすぐの場所、つまり0度から1度付近は、その星座の最もプリミティブなエネルギーを湛えている、という考え方がある。ゆえに、ここに位置する星は荒ぶる力に支配され、振り回される、という。さらに星座の中ほどを進むにつれ、星はその星座の世界観を学び、馴染み、だんだんこなれてゆく。そして、その星座の世界観を完全に成熟した形で体得し、国境を越えて次の星座へと飛び移る直前が、29度辺り、すなわち「涙の度数」となる。

星座と星座の境目は、グラデーション的に意味合いが混ざっている、とイメージする向きもある。しかし私は、星座の境目（カスプと呼ぶ）は明確な境目で、「飛躍の場所」と捉えている。隣り合う星座同士は、非常に対照的な世界だからだ。たとえば「ボイド・オブ・コース」という考え方がある。どの星にもボイドはあるが、特に月について「ボイドタイム」「月のボイド」等と昨今、かなりポピュラーになった。3日に1度ほど巡ってくる「月のボイド」の時間帯には、「物事がボイド（無効）になる」とされる。月が星座から星座を移動する瞬間に、月のボイドタイムは終了する。

ひとつの世界のことを全て経験し終わって、新たな世界へと移動する、という動きは、たとえば「卒業」「旅立ち」のイメージに重なる。「涙の度数」はそんな「涙」の場所だと、私は考えている。それは、うちひしがれるような涙ではなく、胸がいっぱいに膨らむような、希望の涙である。単に「悲しいことが起こる」というような浅薄なものではない。

特に、魚座から牡羊座のカスプ（境目）は春分点である。星占いの世界では、非常に重要な基準点である。ここから12星座が始まり、ここで12星座が終わる。冬が完全に終わり、まっさらな春が始まる！　という、まさに「卒業・入学」的な節目である。もっと言えば「死から生への飛躍」のような場所でもある。

魚座29度は、たとえば仏教的な輪廻転生のイメージで言うなら「前世から来世へ、全てを捨てて転生するとして、そこでただひとつ、持っていくものを選べるとしたら、どうするか？　何を持ってゆくか？」と問われる、搭乗ゲートのような場所ではないか、と私は考えている。

これは勿論、スピリチュアルな意味合いのことではない。私は、前世や来世というものがあるのかどうかわからない。正直かなり懐疑的である。しかし、世の中の神話や伝説、宗教の語りの中では、「あの世」「次の生」の概念が、ごく一般的である。その概念を借りてきて考えるならば、魚座29度は「人間が仮に、全部を捨てることができたとして、その中でひとつだけ「私」の核のようなものをもってゆくとしたら、それはどんなものか？」

という問いを含んでいる気がするのだ。

卒業式に大切に「もってゆくもの」は、古い教科書だけではない。友達と交わしたメッセージ、かつて流行った「制服の第二ボタン」など、多くの卒業生が「人への思い」をなんとかして「もってゆこう」とする。本当に大事なもののために流した涙こそは「たったひとつ、もってゆきたいもの」になり得るのではないか。それは「人生の意義」ともなり得るものではないか。

魚座29度が「涙の度数」だとして、それは「ちょっと転んですりむいて痛かったときの涙」のような、軽い涙ではないだろう。人生の中でどうしても忘れられない、一番大切な、失いたくない涙があったなら、それこそが「涙の度数」の「涙」であり、魚座的な涙だと言えるだろう。

「涙の度数」のことを考えるとき、『星の王子さま』の「本当に不思議なものですね、涙の国というのは！」というくだりを思い出す。

誰の心の中にもある涙の国、そこには、容易に他人が入ることはできない。そして、誰の心の中にもそれがある。

魚座の星のもとに生まれた人々は、この「涙の国」のことに、とても詳しい。歩き方を熟知している。他の人が時に「涙の国」を過剰に恐れることがあるが、魚座の人々は「涙の国」がこわいものではないと知っている。

魚座は水の星座である。水は星占いの世界で「感情」を象徴する。蟹座の小川の水があり、蠍座の深遠な沼の水がある。魚座の水は「海」であり、最も広大な水である、とされる。しかしその一方で、人間にとって最も大切な、最も深刻な、宝物のような「水、即ち涙の小さな滴もまた、魚座のものではないか、と私は考えている。

人間は自分自身の空腹のために泣き叫ぶ一方で、遠く離れた国の見知らぬ人の負った傷のために泣くことができる。遠く離れた時代の誰かの孤独のために、小さな生き物の命のために泣くことができる。このような広さ、このような大きさは、どう捉えたらいいのだろう。魚座という星座のスケールの大きさが、「涙」というテーマにも、いかにもよく表れていると、私は考えている。

さまざまな星、星座

沈黙星座 ― 蟹座・蠍座・魚座

〝私は姪の魂が自身で拵えた牢獄の中でじたばたしているのを感じた。それはさまざまの兆候から見取ったが、ごく些細な兆候は指のかすかな震えとなって現れた。〟

（ヴェルコール著　河野與一訳「海の沈黙」／河野與一・加藤周一訳『海の沈黙・星への歩み』岩波文庫）

占領下にあって自宅の一部をドイツ軍に接収された老人とその姪は、ひとりのドイツ人将校に出会う。将校は家の2階に住むようになるが、老人と姪はドイツ軍への抵抗の表現として、かたくなに沈黙を守る。将校はふたりの沈黙という抵抗に敬意を払いながらも、飽かずフランスへの尊敬と愛を語りかける。しかしその純粋な思いは、彼の同胞によって、皮肉な形で裏切られる。

元はグラフィック・デザイナーであった小説家ヴェルコールの筆致は、前作『星占い的思考』で引用したロシアの画家イリヤ・レーピンのそれを彷彿とさせた。文体が似ているとかいうことではない。「目」が似ているのだ。文学だけをやる物書きはたいてい、読み手の頭の中にリアリティを喚起しようとして描写する。いわば「あるある」である。しかし、画家の目を持った物書きは、読者に「わかってもらう」ことを、どこかで放棄しているように見えることがある。つまり、絵を描くときのように、自分が見たままを書いてしまうのだ。画家の目は特殊だ。普通の人が見ない色、光、動きを捉える。捉えた色や光を、絵の具で再現しようとするように、言葉で原稿の上に置いてゆく。ゆえに、にわかには読み手の脳裏にその映像が浮かびにくい、という現象が起こる。レシピを詳しく語られても、その料理の味の想像がつかないのに似ている。画家の目を持つ文学者の作品では、それこそが醍醐味だとも言える。ものや人のわずかな動きから、画家の目は牢獄に閉じ込められたまま暴れ回る魂までを見通そうとする。

沈黙は、コミュニケーションのひとつのかたちだ。拒絶や嫌悪、場合によっては受容や同意を示すこともある。ただ、現代社会においてはどうだろう、とふと考えた。たとえば、動画やテレビの中では、沈黙する人はフレームから外れる。常に喋っている人間が中心に映る。2倍速、3倍速で映画を見る人が多いというが、もし全員が沈黙するシーンが続けば、再生の速度をどんどん上げることになるだろう。Ｚｏｏｍの画面で、ＳＮＳのタイムラインで、「沈黙」はどう見えるだろう。否、「見えない」のではないか。カメラをオフにし、匿名の皮を被り、さらに何も発言しないでいることは、リアルに相対しての沈黙とはまるでちがう。人物は存在しなくなって、沈黙もなくなるのだ。沈黙がコミュニケーションの手だてとなるには、その人が確かにそこにいなければならない。注目されていて、気にされていて、発言を期待されていなければならない。私たちはもしかすると、マスクで口を覆い隠しながら、沈黙という表現手段をじわじわと失いつつあるのではないか。白票が意味を成さないように、今、沈黙はどんどん力を失っているのではないか。

文章作品で沈黙を表現しようとすれば、その対比として饒舌を置かなければならない。白い画面に光を描くのに、黒い影をどんどん描いていくしかないのと同じだ。「海の沈黙」で、ドイツ人将校はよく喋る。その饒舌によってふたりの沈黙が描き出される。しかしそれ以上に、元画家であった作家ヴェルコールは、沈黙を表現する表情、身体の動きを繊細に描き出している。耳だけではなく目で、沈黙を塑造しようとしている。人間は「何が見えるか」「何がきこえるか」で物事の印象を捉える。しかし、本当は「何が語られていないか」「何がフレームの外に追いやられているか」の判断によって、印象は塑造される。「なくされた」ものによって「ある」ものが作られる。

＊＊＊＊

星占いには「沈黙星座」というグループがある。このグループに入るのは、蟹座、蠍座、魚座である。これに牡牛座、乙女座、山羊座を加える向きもある。カニ、サソリ、魚は、声を出さない。もちろん、蟹座、蠍座、魚座の人にも饒舌な人はいる。ただ、なにごとかが心の中の甲羅に閉じ込められていて、それが容易に表に出てこない、ということはあるのかもしれない。

もといい、蟹座と蠍座は固い甲羅の中に水という感情を湛えているが、魚座はそうではない。魚座は、自分が水の中にどぶんと浸かっている。水の中では、音はほとんど聞こえない。蟹座と蠍座の「沈黙」は、本音を綴った秘密の日記を、抽斗に鍵をかけてしまい込むような「沈黙」である。一方魚座の「沈黙」は、本当の気持ちを正直に生きていくがゆえに、もはや語る必要が無い、という形の「沈黙」なのかもしれない。あるいは、声によって伝えたり、受け取ったりするという形以外のコミュニケーションが、既に何らかの形で成立しているがゆえの「沈黙」なのかもしれない。更に言えば、沈黙以外では伝わらないものを伝えようとする試みは、魚座のものと言えるかもしれない。

水の星座、つまり感情の星座が「沈黙星座」だということは、なかなか興味深い。一般に「感情的になる」とは、なにかしら声が発されている状況だからだ。もとい「カッとなって家出する」ような状況は、感情的沈黙、と言えるかもしれない。でも、普通「感情的な態度」と言えば、大きな声やオーバーアクションを伴う。

たとえば雄弁さは、理性の発露だとされる。感情的な人は、「感情的にならないでください」と黙らされる。感情の星座は、黙らされているところがある。牡牛座、乙女座、山羊座は、水の三星座とあわせて、古来「女性星座」と分類されてきた。このあたりに「沈黙星座」の秘密があるのかもしれない。女性は古来、公の場で生意気な意見を言うことを封じられてきた。「わきまえろ」という表現は、未だに様々な場で散見され、死語になってはいない。

ジェンダーだけではない。立場の弱い人、若い人、失敗した人、貧しい人、弱った人、競争に負けた人等々、多くの人が黙らされている。戦争で、紛争で、あらゆる闘争の最中で、力を持つ者が力を持たぬ者を黙らせている。組織の内外で、学校で、公の会議で、必ず黙らされている人がいる。

しかし、その状況を勇敢にも、変えようとする人々もいる。怒りの感情を魂の牢獄から、解放しようとする人たちがいる。女性が参政権を持っているのも、人種による差別が批判されるようになったのも、「黙らされる」ことに抵抗し、血を流した人々のお陰である。

「声の上げ方」には、よいものとわるいものがある、と言う人がいる。しかし、「よい声の上げ方」と「わるい声の上げ方」は、だれが判断してくれるのだろう。それをする者がいるとすればおそらく、そもそも「黙らせた側」の人々だろう。

「魂の牢獄」に閉じ込められていた声が、沈黙を破って外に現れ出たとき、その声はどんなに小さくとも、決定的な救済の力を持つ可能性がある。老人とその姪がついに発した、受容と惜別の声のように。

「他者」の世界 ― 天秤座・蠍座・射手座

〝しかし、それだけではなく、ぼくが撃たなかったのは、ひとつには、ずり落ちるズボンが両手でおさえられていたからである。ぼくはそこへ「ファシスト」を撃ちに来ていた。しかし、ズボンをおさえている男は「ファシスト」ではない。それは見るからに、自分と同じような一個の人間であって、そういう人間を撃つ気にはなれないのだ。〟

（ジョージ・オーウェル著　橋口稔訳『カタロニア讃歌』筑摩叢書）

1936年、スペイン内戦で反ファシズム陣営の義勇軍に参加したオーウェルは、あるとき、ファシスト軍の塹壕の近くまで忍び寄り、彼らが出てくるところを襲撃しようと待ち伏せていた。そこに突如飛行機が飛来し、敵陣から兵隊がひとり、慌てて飛び出してきた。彼はもちろんファシスト軍の兵士だったが、オーウェルは彼を「ファシストではない」と感じた。ずり落ちるズボンをおさえていたからである。

かつてこれを読んだ頃、私にとって戦争はおおまかには「歴史的事実」でしかなかった。今は違う。昔の人々は無知で愚かだったから非合理で暴力的な戦争に熱狂したのだ、ということではないのを知っている。人間はいつでも戦争ができるのだ。「昔の人だからやった」のではないのだ。私が子供の頃、大人たちはいつも「戦争は悲惨でしかない、決して繰り返してはならない」と言った。ゆえに、戦争がしたい・見たい人など誰もいないのだと思っていた。しかし「そうでもない」のだということが、今は解る。私がこの稿を書いていたのは2023年10月13日、ほんの数日前にハマスによるテロ攻撃、そしてイスラエルの報復が始まった時期だったからだ。

彼らは互いにごく近くにいる。私は遠く離れている。私たちは「何ゆえに遠くの人びとにたいする自分の感情にもとづいて行動するように促されるのだろうかという問題と、何ゆえに共感がまったく無効になって、自分たちに近い人びとを拷問し、傷つけ、さらには殺害することさえできるようになるのだろうかという問題」（リン・ハント著　松浦義弘訳『人権を創造する』岩波書店）を抱えている。遠い国で苦しむ人々のために、募金をし、物資を送る人間がいる。一方で、身近な人々に虐待を加える人間がいる。どちらも自分と同じ人間である。

「豊かさとアイデンティティはたやすく混同されがちですが、この混同は悲劇的な結果を生みます」(ジョン・ホロウェイ著 大窪一志・四茂野修訳『希望なき時代の希望』同時代社)。ホロウェイは「豊かさ(richness)」を、「富(wealth)」と区別する。ホロウェイの言う「豊かさ」は「アイルランド音楽の豊かさ、メキシコ料理の豊かさ、社会的再生産過程における女性の交流の豊かさ、ホモセクシャリティの地下の歴史の豊かさ、労働者階級の文化の豊かさ」などのことである。豊かさは文化であり、その価値をお金で計算できない。金額はつけられないし、取引もできない。この「豊かさ」は本来、とても素晴らしいものだ。文字通り、生活や人生を豊かにしてくれる。日本にも、そうした「豊かさ」はたくさんある。独自の文化、海外にないもの。多くの人が旅行に出かける理由は、そうした「豊かさ」に触れるためだ。

そんな「良いもの」であるはずの「豊かさ」が、アイデンティティへと変換された瞬間、邪悪な力が生じる。「私たちは、英国のEU脱退に賛成投票することで、イギリス人であることを守ろうとします。私たちは、イスラム教徒の侵入者に反対することで、私たちのフランス人らしさを守ろうとします。(中略)あまりにも簡単に、豊かさからアイデンティティ化へと流れが生じ(Roudinesco 2021)、恐ろしい結果を招いています」。日本でも、いわゆる「日本スゴイ」コンテンツが、裏返されて外国人フォビア、人種差別に結びつく光景を、よく目にする。外国からの旅行者に「日本のどこが好きですか？」と尋ねる、あの一見無邪気な承認欲求が、いずれ敵愾心や他者の排斥のスタートラインとなる。これが「アイデンティティ」の怖さなのだ。

アイデンティティの恐ろしさは、人間同士のあいだにある様々な距離をたったひとつの意味で置き換える点だ。どんなに物理的に近くても、アイデンティティによって私たちは宇宙の彼方ほどにも隔たって、聖なる価値や疎外感への怒りのために、損得や利害を放棄して、「他者」を攻撃できる。痛みへの共感はきれいに、消し去られる。

ズボンをおさえて駆け出す兵士にオーウェルが向けた眼差しは、戦場ではきわめて危険であろう。また、両陣営に夥しい情報の炎で「煽られる」現代社会で、はたしてあの眼差しを持ちうるだろうか。オーウェルのあの眼差しには、アイデンティティの線引がない。それは人間の希望で、今は希望を持つこと自体が嗤われる時代なのだと思う。

＊＊＊＊

天秤座から射手座の3星座は「他者との遭遇」を象徴する世界である。

天秤座は契約と結婚、蠍座は死と性愛と闘争、射手座は旅と宗教の星座である。どれも

「身内」ではない「他者」の存在を前提としている。家族同士では結婚しないし、性愛も闘争も、旅も、他者と巡りあっておこなわれることに他ならない。

物理的な距離が近いと、むしろ他者性が強調されることもある。たとえば、隣接する国や地域では、敵対心や「あいつらと一緒にするな」という意識が醸成されやすい。他地方から見れば関西はひとまとまりだが、関西に来ると「大阪と京都を一緒にするな」「奈良と京都は全然違う」「滋賀と京都は全く違う」とする言説に出会う。東北は東北で、「津軽のウソつき秋田の火つけ南部の人殺し」などという悪態があったりする。その隔たり、差異が際限もなく強調される。つまり「アイデンティティ」が跋扈している。

他者がいなければ、アイデンティティは生じない。不要なのだ。闘いがなければ正義もないのと同じで、「ちがい」を言いつのらなければならないのは、出会ってしまったからである。

牡羊座から乙女座までの世界は、インターナルな、内なる世界である。そこはある意味、同質性に満たされている。天秤座以降は、他者のいる外界である。ゆえに、そこに出てゆくと、アイデンティティが問われつづける。

天秤座は、自他の比較をする。対峙し、解り合える範囲で契約を交わそうとする。蠍座は支配や所有を試み、さらに融合を試み、全てを与えようとし、それが叶わなければ敵対する。射手座はもはや、相手をどうこうしようとしない。そもそも解り合えぬ他者だという絶望から出発する。自分は異邦人であり、相手と馴染みようがないのだ。関わりは全て一時的なもので、やがて別れていくしかない。

他者と出会えば、私たちは揺さぶられ、不安にさせられる。相手の姿はよく見えるが、自分が相手からどう見えているのか、それがわからないということに気づく。

たとえば、天秤座は装いの星座である。美しく着飾り、ＴＰＯを決して外さない。他者からどう見えるか、ということを注意深く、完全に洞察する。

蠍座のファッションはエレガントであるが、どこかに、内なるものを守り隠そうとする要素がある。蠍座の装いはおそらく、ある種の防衛なのだ。たとえばお金をむき出しに持つことは危険なので、財布に入れる。贈与の際は袋に入れる。そうした防衛である。貴重品を美しくしっかりしたケースに入れるように、蠍座の人々は装う。

射手座はファッションによって他者性を表現しようとすることがある。すなわち「あなたがたと同じ格好をしない」ことで、「私はあなたがたの中に入ろうとするつもりはない」と宣言するのである。所属を拒否するのである。

ルールをハックする星座 ―― 双子座・乙女座・射手座・魚座

〝ホーソーンが下した決断は、本当に正しかったのだろうか？
あのまま、黙っておくことだってできただろうに。〟
（アンソニー・ホロヴィッツ著　山田蘭訳『殺しへのライン』創元推理文庫）

いつもは引用元についてあらすじや多少の説明を書くのだが、今回は推理小説だから、敢えて書かない。推理小説では、「救いがない結末」がよくある。殺人があり、殺人犯がみつかるが、その殺人には悲しい経緯があり、殺人犯が決して「悪人」とは思えない、というエンディングだ。警察が同席しての「種明かし」ならば難しいが、探偵だけがその真実にたどり着いた場合は、探偵にある種の裁量が委ねられる。

「シャーロック・ホームズ」シリーズでは、ホームズ先生（私は読書量的にミステリファンとはとてもいえないが、シャーロック・ホームズファンであり、普段なんとなくこう呼んでいるので、ここでもそうしておく）は時に、犯人の罪を見逃す。警察や公権力に対して「そのまま黙っておく」ことを選ぶのである。

「（前略）何も処置いたしますまい。あなたはほどなく、巡回裁判よりもはるかに高い裁きの廷《にわ》に立って、ご自分の行為の責を果す覚悟でおいでです。私はこの告白書をお預りするにとどめましょう」（コナン・ドイル著　延原謙訳「ボスコム谷の惨劇」／『シャーロック・ホームズの冒険』新潮文庫）。

これに比べ、ホロヴィッツの描く名探偵・ホーソーンは、全く別の道を選ぶ。彼は冷厳に、または淡々と、リーガルな判断に徹する。すべて人間の司法の手に委ね、自分勝手なジャッジを加えることはない。ホーソーンがホームズ先生的な「温情解決」をすることなど、想像もできない。

ホームズ先生が法律を逸脱した判断をする時、彼は必ず「神」や「より高きもの」の存在をほのめかす。神の名のもとに、地上の法を踏み越える。そこで裁かれているのは、自分自身でもある。「より高きもの」の目に照らして、自分がここで警察に彼を引き渡すことは、果たして正しいことなのだろうか？　という視線が働いている。人間が決めたルールの上に、もうひとつ別の、高次の価値観がある。社会全体に宗教的道徳観が深く浸透していた時代だからこそ、渾身これ科学的理性のようなシャーロック・ホームズであっても、それだけの敬虔さを体現することになる。

人間の決めたルールの上に、より高次の価値観を認めない場合は、どうなるか。ルール自体が神格化する。それ以上の価値がないので、何に照らすこともできないのだ。ホーソーンの活躍する現代社会では、科学的捜査が発達しきっている。あらゆるところに防犯カメラがあり、人々の手にスマホがありＳＮＳがあり、動画撮影や録音の機能がある現代では、「知り得ぬこと」の設定が難しい。

神の存在は「人間には知り得ぬこと」と強く結びついている。人間の知力では決して届かない場所、不可知の世界を皆が認め合っていれば、「より高きもの」への畏れ、敬いが生まれ、人間のルールの「外部」が生じる。一方、全てが知り得るように思われる世界では、ルールの「外部」は生じようがない。昨今、ただ「法律に違反した」というだけで、絶対的悪がなされたと断ずる向きが見られるのは、そのあたりに原因があるのかもしれない。多くの人が共有できる「より高きもの」が、現代社会では、簡単には見つからないのだ。

＊＊＊＊

２０２４年５月26日、木星が双子座入りした。双子座は古い時代には宗教と結びつけられており、たとえば宗教論争などは双子座の管轄だった。他に宗教と関係が深い星座は射手座、魚座で、すべて「ダブルボディ・サイン」なのが興味深い。双子座、魚座（双魚宮）はハッキリと、ふたつボディがある。射手座は人間と馬のふたつの動物が組み合わされたケンタウルスである。

ダブルボディ・サインにはもうひとつ、乙女座がある。乙女座は現実的知性の星座とされ、宗教の気配は薄いように思われるが、実際には古く「聖処女」、つまり聖母マリアと関連付けられていた。魔術の世界では「処女の髪」「処女の血」などは強い力を持つアイテムだし、ギリシャ・ローマ神話の「処女神」たちも、非常に強力な存在である。処女性自体が、聖なるものとされてきたのである。乙女座のどこが「ダブルボディ」なのかというと、私は「処女性」自体にそれを見いだせると考えているが、実はメソポタミア時代の星座絵では、乙女座はふたりの乙女の姿で描かれていたそうだ。

双子座の「ダブルボディ」はカストルとポルックスで、一方が人間の子供、もう一方が神の子供である。この双子座を支配する水星はマーキュリー、ギリシャ神話ではヘルメス神である。ヘルメスは泥棒の神様とも言われ、幼い頃に「足跡のトリック」を使ってアポロンを欺くなど、ミステリとも関係が深い。

世の中にルールがあり、一般にはそれを「守る」ことが求められる。しかし世の中には、ルールを見るとこれを「ハックする」「使う」「攻略する」ことを目指す人々がいる。たとえばスポーツの世界、チェスや将棋など知的ゲームの世界では、いかにルールを攻略するかで勝敗が決する場合も多々ある。ルールは絶対視されるべきものではなく、相対化し、穴を突き、場合によってはひっくり返す対象と捉えることもできるのである。ルールは人間が作ったものであり、間違っている場合もあれば、無効になることもある。ルールは様々な善や効用を期待し、想定して作られている。しかし、ルールの文言自体には、善悪は見出しようがない。ルールが策定されたときに人間が抱いた恣意的な期待感、想定から、ルールの条文をいったん引き剝がし、改めてルールを外側から操作しようとする試みは、「もうひとつのまなざし」があるからこそできることではないか。ひとり分の目だけでは、ただの人為に過ぎないルールの外側に出ることも叶わないのである。双子座は、すでにあるルールを相対化する、もうひとつのまなざしを管轄する。

「法」の星　—　木星

〝「あなたがコンゴとアマゾンで目にされたことや今なさっていることを考えると、このような症状に苦しんでいるのも、決して不思議ではありませんね」と精神科医は言った。「注目に値するのは、あなたが凶暴な狂人でもなければ、自殺もなさらないことです」〟

（マリオ・バルガス＝リョサ著　野谷文昭訳『ケルト人の夢』岩波書店）

この精神科医の意見に全面的に同意する。『ケルト人の夢』の主人公、ロジャー・ケイスメントがかわいそうだ。かわいそうでたまらなくなって、私はこの500ページを超えるハードカバーの本を、たまたま出かけた小旅行に携行した。彼をひとり置いて出かけられなかったのだ。

もといい「かわいそう」とはなにごとか。彼はアフリカの奥地もアマゾンの密林ももののともせずに分け入った、どこまでもタフな冒険家なのだ。植民地支配の暴虐に敢然と立ち向かい、後に燃えるようなナショナリズムに突き動かされ、アイルランド独立運動に身を投じ、その結果反逆者として捕らえられ、裏切り者と断罪され、「ブラック・ダイアリー」と称されるプライベートな日記を晒され、絞首刑に処せられた。死刑執行人ジョン・エリスは「私が死刑を執行しなければならなかったすべての人物のうちで、最も勇気を持って死んだのはロジャー・ケイスメントだった」と書き残している。

バルガス＝リョサは暴露された日記、即ち同性愛の冒険記を、少なくとも大半が誇張やフィクションであろうと結論づけている。長年の「探検」生活ゆえに、彼が関節炎や胃けいれんなど様々な持病に苛まれていたことも、その根拠なのだろう。

本書は最初から最後まで、いつもどこかが苦しくて痛い。でも、私が彼を胸が痛くなるほどかわいそうだと思ったのは、そのためだけではない。彼はとことん孤独だった。ドイツにアイルランド独立運動との連携を求めたが、満足な結果は得られなかった。さらに性的少数者として、圧倒的な社会的迫害を受けた。彼はいつも絶大な努力をもって他者を助けようとしたが、世の中はちっとも、彼を助けなかった。世に背を向けて孤独な人はいる。しかし、彼の場合は違う。これほど他者に対して、社会に対して献身的なのに、いつもあんなにひとりぼっちだったのだ。

私のかつての仕事場の近くから、山肌に刻まれた「法」という文字がよく見えた。いわゆる「五山の送り火」である。法が燃えるとはどういうことか。

彼が反逆者として断罪されかかったとき、多くの嘆願が寄せられて一時は、助命されるかと思われた。しかし彼の同性愛にまつわる日記が暴露され、彼を支援した多くの人が、くるりと背を向けた。現代社会であれば、それを差別することの方が悪であり、罪になる。

もちろん、五山の送り火の「法」は仏教用語の「ダルマ」であり、一般的な法律とはべつのものだ。ただ、ロジャー・ケイスメントの闘いと孤独を思うとき、私はあの「法」が燃える光景を思わずにいられなかった。現実には、法は何度も燃やされ、何度も書きかえられる。そしていつの時代も、法に燃やされる者がいる。

彼は「人権調査の父」と言われることがあるそうだが、人権という概念は、非常に難しいものだと私は思っている。「人権感覚を養う」などと言われるが、そもそも人権は、感覚的にわかるようなものではない。むしろ、人間の日常的な、素朴な感覚に対抗しようとする思想が「人権」であろうと思う。たとえば幼い子供でも「働かざる者食うべからず」とか「税金を払わぬ者には選挙権を与えなくともよい」などの言説を、ごく自然に飲み込む。自分でも思いついてしまう。大人になってもこうした観念を信じている人はたくさんいる。ほぼ一般常識と言ってもいい。どんなに優しく親切な、道徳的な人であっても、「人権」は生得的な感覚ではなかなか、わからない。ゆえにふと、「人権」を無視した発言をしてしまうのである。

ほとんどの差別は無意識に、善意の元に行われる。人権は意識して学ばなければ、本当には理解できない。当時の「自然法」的感覚では同性愛はアプリオリに不道徳であり、彼を非難することが人権侵害だなどと、誰も思いつかなかったはずだ。善い人々ほど、そうだったのだ。法、つまりその時代の規範意識に即したなかば恣意的なルールに、彼のやったことは火をつけた。着火された法が、彼をそのまま焼いたのだ。

＊＊＊＊

星占いで「法」と関係が深い星座は、天秤座と射手座である。天秤座の「法」は現代的によく取り沙汰されるが、射手座の「法」はあまり、話題にならない。というのも、射手座は宗教と関係が深い星座で、射手座的な「法」とは、宗教的な教義とか、宗教に裏付けられた善悪の世界観だからだ。天秤座は交渉や示談、裁判による司法の世界である。一方射手座は、徳や神性と結びつけられる法の世界である。「神の裁き」的な世界である。天秤座的な法は人間世界に属する相対的なものだが、射手座的なそれは、天と結びついているがゆえに、絶対的なのだ。

射手座は木星に支配された星座である。木星は魚座の支配星でもあり、魚座もまた「法」と関係があると言える。魚座は「救済」の星座である。人は裁判に救いを求める。法に救いを求める。裁かれる側も、罪を償って救われることを願う。そういう意味で、魚座は「法」を用いた先に起こる出来事を象徴する、と考えられるかもしれない。

魚座は12星座の最後の星座である。牡羊座でスタートして魚座で終わる。星々はこの12星座を順番に旅する。牡羊座で経験し始めたことが、魚座で完結する。12星座はまた、人の一生にもなぞらえられる。全く無垢な状態で生まれ落ちた場所が牡羊座で、牡牛座、双子座と徐々に人生のステップを進み、人生の最後に立ち至るのが魚座である。魚座に立つ時、星は、人は、世界のすべてをひととおり、知り尽くした状態になる。

ある世界を知り尽くすということは、膨大な悲しみを抱え込むということでもある。たくさんの出会いのあとに、悲しみがある。どうにもならなかったことへの悲しみ、何もしてあげられなかった相手への悲しみがある。

魚座も射手座も、夢と関係が深い。射手座的な夢は「神の啓示」のような特別な夢である。魚座の夢はもっと個人的な、あるいはもっと普遍的な夢なのだろうと思う。人間の集合的無意識に直接接続するような夢が、魚座的な夢なのではないかと想像する。

引用のタイトル『ケルト人の夢』の「夢」は、最初は射手座的な夢であった。世界旅行への憧れ、冒険への憧れ、世の中を徳に沿って正そうとする夢が、最初の夢であった。しかし彼が最後にたどり着いたのは、べつの夢の世界だったのではないか。そこに救いはあったのだろうか。ロジャー・ケイスメントの夢と涙は、私たちの社会の規範意識の礎となっているだろうか。彼の涙を燃やし尽くした「世間」は、今も大して変わらないような気もする。

夢の星、夢の星座　―　木星・海王星・射手座・魚座

〝アレクサンドル・ソルジェニーツィンはこう記す。「そんな人間など存在するはずがないと、そんな人間はひとりもいないとわれわれは言いたがる。……悪をなすためには、人間はまず初めにこう信じこまねばならない。自分のしていることは良いことだとか、そうは言わずとも、自然界の法則と調和する思慮深い行動だ、と」。これこそ「ドリーム」の土台だ。〟

（タナハシ・コーツ著　池田年穂訳『世界と僕のあいだに』慶應義塾大学出版会）

ここで言う「ドリーム」とは何か。それは「きれいな芝生のある完璧な家だ。それは、戦没将兵記念日《メモリアルデー》にバーベキューパーティーをすること、町内の集い、それに車寄せまでの道だ」。ツリーハウスやカブスカウト、「ドリーム」はペパーミントの匂いで、イチゴのショートケーキの味がする。その「ドリーム」は「僕たち」、つまりアメリカという国で

「黒人」とされた人々の背中に載っている。しかし「ドリーム」の中にレイシストはいない。だれもが「私は差別主義者ではない」と自称する。「僕たち」が学校でヘマをすれば停学処分となり、ストリートに追いやられる。学校にいる教育者たちの「善良な意図」は「ドリーム」を必ず見られるようにする睡眠薬だ。ストリートで「肉体を破壊」された黒人の若者に対し、「社会は「彼は学校に残っていればよかったのにね」と言ってそいつと手を切る」。それが「善良な意図」で、「ドリーム」だ。本書を読みながらずっと、頭の裏の方にChildish Gambino「This is America」のMVが流れていた。

タナハシ・コーツの語る「ドリーム」はアメリカのそれだが、多分世界中に様々な「ドリーム」が存在する。日本にも存在する。傷つけられた人々が声を上げるたび「大袈裟だ」「被害を受けた方も悪かったのではないか」「そんなことは大勢の善良な人々とは関係がない」「声を上げる場所を間違っている、警察に言うべきだ」「そんな被害や差別などこれまで、見たことも聞いたこともない」「逆差別もあるのではないか、だから公平だ」等の声が津波のように押し寄せる。最初の小さな声をかき消すために後から来る圧倒的な大声、この大声の主は自らを善良で、思慮深く、常識的で、公平で、差別やハラスメントやバッシングやイジメなどとは「無縁だ」と固く信じている。たとえばこの信念があまたある「ドリーム」のひとつで、誰もが目にしたことがあるはずだ。

世界中に様々な種類の「ドリーム」がある。夜見る夢がみんな違うように、「ドリーム」の内容も文化や場所で、大きく違う。その歴史の重みも、暴力の過酷さも規模も、絶対的に異なる。でも、「ドリーム」を守ろうとする側の人々の傷つきやすい過剰な熱意は、もしかしたら共通しているのかもしれない。

「ピルグリムや革命家たちは抑圧を逃れ、自由になれる世界を夢見た。彼らは空想から夢を取り出し、理論を現実へと変えるため、僕らをこき使い、彼らが逃げ出してきたはずの抑圧という名の棍棒を手に取った」（タナハシ・コーツ著　池田年穂他訳『僕の大統領は黒人だった　バラク・オバマとアメリカの8年（下）』慶應義塾大学出版会）。これはアメリカの過去の物語であるが、現在パレスチナで、似たようなことが起こっている光景を私たちは目にしている。

冒頭引用部の通り、誰もが自分を道徳的であるか、あるいは自然界の法則に調和している（つまり、自分がこのように行動するのはやむを得ないし、自分と同じ立場に立たされれば、誰だってこうするしかない）と信じたい。だから最初に描いた純粋な自由の「夢」はいつの間にか、不都合な現実を覆い隠すための「夢」に変わる。

文学にはその美しくも醜悪な「夢」に、覚醒の光を当てる力がある。「僕は長く続く夢の破壊者《ドリーム・ブレイカー》の伝統に名を連ねたかったのだ」（前掲書）。「黒人」の側にも夢は存在する。たとえば、かつてアフリカで偉大な文明を築いた「黒人という人種」というドリーム。コーツは自陣側にあると見えるこの夢も、迷わず破壊の対象とした。「自分を善だと、自然だと、偉大だと信じたい」という情熱の土壌に繁茂する巨大なジャングルが、彼の破壊したい「ドリーム」なのだろう。

＊＊＊＊

２０２４年3月、多くの星々が魚座に集い、次々に２０１２年頃から魚座にいる海王星とランデヴーした。

海王星は魚座の支配星で「夢」の星である。魚座も、夢の星座である。

魚座的な「夢」は、イマジネーション、幽玄夢幻の「夢」である。

夢と関係がある星座は他に、射手座がある。射手座的な夢は「理想」にちかい。射手座は古来、宗教と関係が深い星座で、もともとは「神の啓示」のような夢を管轄していた。神が与えてくれる夢は、理想は、高く、正しく、よいものである。

魚座にもまた、宗教が関係している。イエス・キリストの象徴として、古い時代には魚のモチーフが用いられた。新約聖書にもたくさん、魚にまつわるエピソードが出てくる。魚座は救いの星座とされるが、キリスト教的な救済のイメージがそこに重なる。

人間は理想を抱く。善い自分であろうとする。ゆえに、自分の中の悪は受け入れがたい。「善くありたい」という願いは簡単に、「最初から善い自分であった」という認識に置き換わる。

魚座海王星という「夢の星」の上を次々に通過する星々は、夢を刺激し、拡大し、強化し、あるいは一時的に覚醒させる。

タナハシ・コーツの描いた「ドリーム」を見ている人々は、自分が夢を生きているとわかっていない。あるいは、薄々わかっていながら、尚も夢の中に居続けることを選択している。私も多分、夢から覚めていない。海王星の霧の中にいるとき、私たちは自分が何をしているのかわからない。自ら選び取った夢で、自分自身をごまかしつづける。後になってそれに気づいても、「知らなかった」「見えていなかった」と言う。しかし本当に、そうだったのか。

「過去」の他者性 ― 土星

〝孤独にはだれよりも馴染んでいるはずの漁師たちすら、二度か三度オーフォード岬の近くで夜網を張ってみたあとはぷつんとやめてしまう。口では魚がかからないからと言っているが、本当はそうじゃない、無のどまんなかに投げだされたような場所のすさまじい荒寥に耐えきれなくなるからだ。ときには尾を引く心の病にかかることもある。〟

（W・G・ゼーバルト著　鈴木仁子訳『土星の環　イギリス行脚』白水社）

2022年9月、本書の前作となる『星占い的思考』が発売された。読者の皆様のおかげでなんと発売前重版がかかり、本当に嬉しかった（ありがとうございます！）。文学を星占いの眼差しで読んでみたらどうなるか、という甚だ実験的な（?）一冊だと自分では考えていたのだが、「群像」2022年9月号の小特集を目にして、あの一冊のことを思い出した。
『土星の環』は、大戦の終わり頃にドイツに生まれ、その後イギリスで暮らした文学者が「かつて存在し、今はなくなった世界」を、過去と現在の境界線をかき消すように渉猟した、その想念の一冊である。この本は星占いの目で読めば一言一句が土星、一冊まるごと土星、徹底的に、完膚なきまでに土星だ。ちなみにこの小特集で、松永美穂先生の批評に紹介された「ドイツ語文学には空襲の描写がない」というくだりは『土星の環』にもある。かつて栄耀を誇り、今は朽ちていこうとしているカントリーハウス、サマレイトン邸の庭師が、そう語るのだ。「来る日も来る日も、夕暮れどきに、サマレイトンの空を編隊を組んだ爆撃機が飛んでいくのを見たものですよ」。しかし彼が夜な夜な思い浮かべた「飛んでいった先の景色」を描いた文献はその後、どんなに探しても見つからなかった、という。この件を私も不思議に思っていたので、かの論考を大変面白く読んだ。

土星という星は、たとえば9世紀の占星術家アブー・マーシャルによると「老人と無想な人間を支配し、恐怖、運命の転変、心労、悲しみの激発、筆記、混乱、……苦痛、苛酷な生活、逆境、紛失、死、遺産、挽歌、孤児に関わり、古い物、祖父、(中略)長考と無口さや秘密を支配するが、彼自身はあらゆる悪事を知っているものの、他の誰もその企みを知らず、彼もそれを明かすことはない。彼はまた自己破壊と退屈な事柄を支配する」

時代によって土星の意味は大きく変遷してきた。大昔は豊饒の農耕神とされ、その後不運や冷却、貧しさや悪、老年と関連付けられ、さらに下って深い思索や叡智のイメージを胎むに至った。現代的な占星術の世界では、土星は制限や試練を象徴する一方で、自制心や努力、責任感などを司る、現世的成功に欠かせない星という見方が強い。

（レイモンド・クリバンスキー他著　田中英道監訳『土星とメランコリー』晶文社）と描かれる。

しかし『土星の環』を読めば、そうした現代的な、プラクティカルな「読み」をいったん脇に置かざるを得ない。土星は、かつてあったものが破壊され、あるいは時間の波間に朽ちていったところの「無」と関係している。最初から何もなかったのではない。まず建設があり栄華があり、それが失われて「無」になった。たとえば大災害の後、無数の生活の破壊の結果山と積まれた瓦礫を指して、被災地の人々は「何もなくなった」と言う。

ゼーバルトがなぜ本書のタイトルに「輪」とつけたのかはわからないが、もしかすると時間をかけて構築されたものが破壊され、風雨にさらされて粉々になってなお、起こった出来事の重力にひきよせられて漂っている様子をイメージしたのかもしれない。あるいは、彼自身が土星的な事物のまわりを渉猟しながら決して内側には迎え入れられることがない、その歩様を表現したものなのかもしれない。

引用部のオーフォード岬にも古くから重要な砦があり、大戦中には軍事研究施設が存在していた。失われた過去は圧倒的な他者として屹立する。遺跡は訪れる者に沈黙をもって

「お前に何が解る」と言う。まるで「そこに飼い主はいない」と人間以上に理解しながら墓に日参せずにいられない犬のように、ゼーバルトは「すでに何もなくなった場所」に惹きつけられ、詣で、もっとひとりぼっちになる。彼はそこで幸福になるわけではないが、充足しているように見える。

2022年10月、風の星座（双子座・天秤座・水瓶座）に星が集まり、多少ゆるめだが「風のグランドトライン」と呼ばれる大模様が形成されていた。「自宅」である水瓶座で理（ことわり）の鎌をふるう土星が、とりわけ強い状態にある。自ら支配する星座に位置するとき、その星の力は強まる、というのが星占いの考え方なのだ。現代的な星占いの世界では、水瓶座は天王星の支配下にあるとされる。しかし、望遠鏡が発明され、科学者達がその存在を予測して発見する以前には、水瓶座は土星の星座であり、今も「副支配星」としてその痕跡を失わない。

風の星座は「知性・関係・コミュニケーション」を扱う世界である。ちなみに、共感や感情移入は「水の星座」の守備範囲である。水は融合し、共同体を形成できるが、風は関わりを持っても、位相的には決定的に切り離されている。

引用部の漁師達は水の世界で「無」に取り憑かれることもある。そこが「地元」だからだ。その点ゼーバルトは、記憶の旅人でしかない彼は、廃墟を愛し詣でても決して「その一員」にはなれない。サトゥルヌスの鎌、風の刃で切り離されている。「無」は彼に取り憑かない。縁がないからだ。

「群像」2022年9月号でゼーバルトの小特集は「戦争の記憶、現在」という特集の中に含まれていた。今目の前にある戦争を考えるために、多くの人が脊髄反射のように「過去の戦争」「直近の戦争」を振り返ろうとする。ロシアがウクライナを攻撃し始めた時、多くの人が「こんな昔ながらの戦争が、今起こるなんて!」と驚いた。「まるで歴史を巻き戻したような戦争だ!」と呻いた。そして、過去の戦争を振り返り、そこに現在を読み解く手掛かりを乱暴に家捜しした。

しかし過去は圧倒的な他者の世界である。戦争の熱で興奮し沸き立つニュースに触れるたび、そこでつまみ食いのように語られる歴史の「他者性」が、空っ風のように痛かった。

冥府の王　―　冥王星

〝死者たちが語るというなら、そこでのみ語っているのです。この九条は、あとから日本人によって「内発的」に選ばれたものです。「あとから」ということが、大切です。「最初から」であれば、それはとうに放棄されています。私が主体的とか自発的という言葉を信用しないのは、このためです。〟

（柄谷行人著『〈戦前〉の思考』文藝春秋）

自分で決めたことは、簡単に変えられる。しかし、自分を超えたものからもたらされ、それを自分の文脈で受け取ってしまったら、それは変えられない。自分を超えたものとはこの場合、戦勝国アメリカであり、死者たちの声である。そして自分の文脈とは、戦争体験である。

先日、ロシア正教会のキリル総主教が「悪魔＝西欧にとりつかれたウクライナを救う」

ことを理由に「プーチンを象徴的にチーフ・エクソシストと呼んだ」というニュースを読んだ。「エクソシスト」と言えば私の世代では、子どもの首が180度ぐるんと回る、不気味な映画のタイトルだ。ホラー映画なのになぜか怖くなかったのは、私の側に宗教的なリアリティがゼロだったからだろう。宗教的リアリティは、異文化に生きる人間にはほぼ、実感できない。説明的な理解はできても、恐怖や歓喜が湧き上がったりはしないのだ。ソヴィエト体制のもとで一度、ロシア正教は厳しく弾圧された。その後ゴルバチョフのペレストロイカ政策により、ロシア正教会は「死に体」から鮮やかに復活した。2012年の調査では、ロシア国民の74%が正教会の信者だと答えている。ロシア国内の宗教的な生活実感とウクライナ侵攻はおそらく、ある程度以上に結びついているのだろうと想像できるが、体感的に知ることはできない。

2022年、日本ではふたつの「国葬」が注目された。ひとつはエリザベス二世の国葬で、もうひとつは安倍元首相の国葬である。女王を見送るイギリス国教会の華麗な宗教儀式を、多くの人が画面越しに感嘆の目で見つめた。一方日本の元首相の国葬は「無宗教形式」で執り行われたそうだ。黒い服や菊の花は、宗教的なルールではないというのだろう。

なぜこんなことを書いたかというと、2023年3月、星の世界では「冥府の王」が動いたからである。プルートー、冥王星だ。冥王星は２００８年から山羊座に位置し、２０２３年3月末から２０２４年11月にかけて、水瓶座への移動を完了した。冥王星は第一次・第二次大戦の間の時代に発見されたため、占星術家たちにより「破壊と再生」の象意を与えられている。他に、地底に眠る金塊、強大な支配力、性的欲望なども冥王星の管轄となっている。２００８年の冥王星山羊座入りはしばしば、「リーマン・ショック」をキーワードとして語られる。巨大な経済的幻想が崩壊し、そこから再生の道を歩まなければならなくなったのだ。山羊座は社会的権力、ヒエラルキーや全体主義と関係が深い。

冥王星は12星座を２４８年ほどかけて一周する。山羊座には約16年、次の水瓶座には20年ほど滞在する。星占いの世界では「この星の動きが何を象徴するか」を考えるのに、しばしば過去の歴史的事実を手繰る。前回の冥王星水瓶座時代には、アメリカ独立戦争やフランス革命が起こっていた。封建制が崩壊し、人権宣言が行われ、水瓶座的なヒューマニズムが世界に広がった時代だった、と説明される。

では、それ以前の冥王星水瓶座時代のトピックはなにか。１５４３年のコペルニクスによる『天球の回転について』を挙げる向きもある。私は１５３４年のイギリス国教会成立や16世紀の宗教改革運動に注目した。なぜなら同じく冥王星水瓶座時代の１０５４年に東西キリスト教の分裂があったからだ。もといい、それ以前から東西キリスト教の文化はすでに分かたれていた。たとえばロシア語がキリル文字で綴られるのは、キエフ・ルーシの使節がアヤ・ソフィア大聖堂の華麗な宗教儀式に魅せられ、冥王星天秤座入り直後の988年、国教にギリシャ正教を採用したからである。天秤座も水瓶座も、風の星座である。宗教という、人間集団を統べる超越的な力が分裂し、あるいは再定義される時、冥王星はしばしば風（ロゴス・関係）に割られていた。普遍性が分割されると、外部が生じ、力は相対化される。

冥王星はその名の通り、死と結びつけられている。そして宗教は、生きている人間のためのものだが、死を大前提としている。死がなければ、宗教もなかっただろうと思う。現代社会は日常的に、死を「なかったこと」にしようとして必死だが、フォークナーの言うとおり、死んだ人たちは私たちを目に見えない力で支配している。もちろん、死者は語らないから、死者の声が聞こえるのは、私たちの心がそうさせているというだけのことである。2023年から2024年、冥王星が水瓶座への門をくぐる中で、人類はしきりに過去の歴史、戦争、闘争の記憶をふりかえっていた。すなわち、死者達の声を聞いていた。

ふりかえる時間　―　水星逆行、射手座

〝遊びの秩序関係こそが遊びの存在規定であり、ひとは、この遊び関係に完全にまきこまれ同化されることではじめて、遊び手となる。これによって遊び手は、「現存在に本来のきつさをなしている、イニシャティブをとるという課題」から解放されるのである。〟

（西村清和著『遊びの現象学』勁草書房）

『休むヒント。』というアンソロジーに寄稿させて頂いた。書くにあたり、参考にした本がある。右の引用元の『遊びの現象学』だ。世にある「休み方」指南書の多くに「心身を休ませるには、ごろ寝よりも遊ぶことだ」と書かれている。ある人が「大人になると「今度遊ぼうよ」と誘うとき、結局は酒を飲もうと言っているのにすぎない」と言っていた。この点、休み方指南書の言う「好きなことをする」「遊ぶ」とは、そもそも、どういうこ

となのか。

『遊びの現象学』によれば、「遊ぶ」という営為は、志向的な意志や目的意識とは別のところにある。遊んでいるとき、人間は何の目的も持たず、自分と遊びとを分かたず、遊び自体の中に身をどっぷり委ねるのである。「しいてかくれんぼの行動を遂行しながらも、そしてたしかにわたしはそのとき自分をそのような企てと遂行の主体として意識するにもせよ、依然として自分を遊び手とは意識していない。わたしが自分を遊び手として意識するとは、自分を遊び手として措定し、志向することではなく、すでに自分が遊びのただなかに立ち、遊び「に・ある」という存在の事実を意識することである」。その証拠に、「かくれんぼで遊ぶ」とは言わない。「かくれんぼをして遊ぶ」とは言う。「お手玉を遊ぶ」とは言わず「お手玉をして遊ぶ」と言う。「遊ぶ」は、その遊びのしくみのなかに招き入れられ、同化したところに現出する「状態」なのだ。心が遊びの中に入って融け合ってしまわなければ、遊びは面白くもなんともないし、すぐに離脱したくなるだろう。引用部の「遊びの秩序関係」とは、かくれんぼの「隠れる側」と「鬼」の役割分担、その他のルールなど全体のことである。遊ぶとき、私たちはそのシステムにどっぷりはまって、その他の可能性を考える余地から解放される。自分をもうひとりの自分として批判的に見つめる「対自」の姿勢はそこにはない。もとい、自分が「これは遊びであり、本気ではない」という中空の「対自」意識の土台に支えられながら、遊ぶ自分はただ生きているままの「即自」状態なのである。

＊＊＊＊

２０２３年12月、太陽と火星が同座する射手座に、水星が出たり入ったりしていた。地球から見た「逆行」という動きである。実際には地球もまたほかの惑星同様、太陽の周りを回る存在であるため、惑星たちはホロスコープの上を一方向だけに回ってはくれないのだ。一時的に惑星が軌道を後退しているように見える、この動きは古い時代、「周転円」という仕組みで説明されていた。軌道の上でくるくる、小さな円を描いていると考えられていたのである。太陽が宇宙の中心であり、地球もその周りを回っている、と考えれば、この「周転円」という不可解な動きは消えてなくなる。星の動きの仕組みを、スッキリ説明できるようになる。星の逆行は「コペルニクス的転回」に至る、大事な手掛かりのひとつだった。

星占いの世界において、水星は思考とコミュニケーションの星で、年に3度ほど逆行する。水星逆行時は一般に「混乱、停滞」が起こると考えられている。物事の見直しやり直しを余儀なくされ、一見、後退しているように見える。しかし、実際にはここでの遅れはあとで取り戻せる。この時期起こる出来事は、普段物事が順調に進んでいる時には決して見えないものを見せてくれる。

射手座のシンボルは矢の形をしている。矢は射られて飛んでいく。その間、自分の進路を変えることはできない。飛ぶ矢は「即自」状態にしかならない。自分に自己批判を加えて軌道修正することはできない。射手座は古くから旅の星座であり、宗教の星座でもある。思想や哲学なども射手座の管轄とされる。現代的にはグローバリズム、国際政治なども射手座のテーマに入る。人間には知性と理性、思考の力があり、自制心があり、道徳心、倫理観が備わっている、と考えられている。これらの人間観は、ある意味射手座的と言える。

しかし私がこれを書いていた2023年11月上旬、ガザ地区での虐殺に世界中が注目していた。ハマスのテロを非難する声と、イスラエルの非戦闘民に対する蛮行、パレスチナの人々に突如下った避難命令などを強く批判する声が世界に満ちあふれていた。これを見れば、人類はそれほど立派なものとはとても思えなかった。まるで過去、最初に加えられた力には決して抗えない矢のように、ひとつの方向に突き進み続けているように見える。それは「対自」の力を失い、人間としての理性を行使する自由を失った状態である。

ガザ地区で住処を追われ、長い距離を歩いて見知らぬ場所へ逃げてゆく人々。傷ついた子供たちの泣き叫ぶ姿、子供の死体を抱いて泣く親たちの姿が、この時期のメディアに流れ続けていた。オットー『聖なるもの』に引かれている、神秘主義思想家ルーミーの著作「メスネヴィ」からの一節が、恐ろしい予言のように見えた。否、人間は大昔から同じようなことをくり返し続けて来たのだ。

〝《多くの人は、危難を避けつつ危難に陥る、
蝮蛇《まむし》から逃走しつつ、竜に行き当る。
人は網を張り、網は彼の身を取巻く。
彼の生命と見たものが、彼の心臓の血を飲む。
敵がすでに室内にはいっている時、彼は戸を鎖す。
この故に、不幸を避けるためにファラオが、
無数の嬰児の無垢の血を流していた時も、
彼の探ねた嬰児は母の膝の上にいたのだ》〟

（オットー著　山谷省吾訳『聖なるもの』岩波文庫）

これは遊びではない。遊びほどに偉くない。遊びのほうが偉いというのは、「これは遊

びだ」という対自的意識に支えられているからである。人間理性とは、自分自身を省みる勇気を言うのではないか。ナチスドイツの蛮行の後に、無限の反省を背負ったドイツと同じ道を、今のイスラエルもたどることになるのだろうか。それとも、原爆を落としたことが今もなかば正当化され続ける、アメリカと同じ道を歩むのだろうか。「勝てば官軍」はどのシチュエーションにも当てはまる。勝利した側は、たいして反省は求められない。

それでもこの時期、水星は山羊座と射手座のあいだを逆行していた。

水星逆行の時間は「立ち止まって、考え直す」ことができる時間だと、私は考えている。やり直し、見直し、おそらく「撤回」もできるはずだ。

思うに、考えるということは、とても恥ずかしい思いをすることなのである。深く考え込んだとき、私たちは必ず、過去から現在の自分の浅はかさ、誤解、短絡、勘違い、偏見、無知などに出会わざるをえないからだ。考えることは自傷的だ。だれもが自分が正しいと思いたい。でも、考えてみれば、全然そうではない。人間が考える葦なのであれば、私たちは傷つきながら考え直し、そうして、新しい矢を射る可能性を探ることができるはずだ。「対自」によって生まれる自由は、そこにあるのだろう。この時期の私は、祈るようにそんなことを考えていた。

信用とプライドのあいだ　―　水星逆行、山羊座

〝たとえば時として天から石が降ってきたということを証言するような古い報告書があって、いくつかの教会や修道院でそのような石が聖遺物として大切に保存されていた。そのような報告書は十八世紀には迷信として片付けられ、修道院に対してはそのような価値のない石は捨ててしまうよう要請された。（中略）学士院は、どこかの古い言語で、鉄とは、時おり天から降ってくる物質である、と定義されていたという一節までも、その決議に基づいて取り去ろうとさえした。〟
（W・ハイゼンベルク著　山崎和夫訳『部分と全体　私の生涯の偉大な出会いと対話』みすず書房）

「隕石」の話である。

17世紀から18世紀のヨーロッパでは、「学士院（アカデミー）」が次々に誕生した。宗教的な言説ではなく、あくまで実証された事実にこそ社会的な力を付与すべきだ、という考

えのもと、国の肝いりで自然科学が「権威付け」されたのだ。「科学についての協会が作られた当初には、たとえばロンドンの王立学会《ロイヤル・ソサエティ》では、ある魔術の本にのっている主張を実験によって否定し、迷信と戦うことに忙しかったことが語り伝えられている」（前掲書）。現代では、隕石に鉄が含まれていて、ごく初期の鉄器は隕石を原料としていたことがわかっている。18世紀のフランス学士院が「迷信」認定したことが、今では科学的事実なのだ。

このエピソードは、昔話ではない。たとえば「コロナ禍」は2020年頃に始まったが、その後「科学的見地」に基づいて広くアナウンスされた様々な情報の中には、後に撤回されたものが複数ある。次々に新しい局面が出てくる状況では、「実証」はなかなか追いつかない。

では、リアルタイムでどんなスタンスをとればいいのだろう。後出しジャンケンのように、「正解」が定着してから勝ち馬に乗れるなら楽なのだが、人間の生活時間の中ではそうもいかない。現代社会では、科学的態度こそが責任ある道徳的な態度だ、という考え方が浸透しきっている。でも、引用の「隕石」を迷信だと廃棄させるのに似た誤謬は、決して過去のものではない。陰謀論や疑似科学に陥る人々を笑えない。何を「科学的」として信じるか、もはやギャンブルなのである。そこでは損得だけではなく、ヘタをすると人間の尊厳や、命までが賭けられてしまう。教会にまつられた「天から降ってきた石」を、科学的な心をもって迷信扱い「しない」方法はあるのだろうか。

日常生活の中では、わかるまでただ黙っていればいい、とはいかない。マスクをするのか、ワクチンを打つのか、そもそも外出していいのか、私たちは常に「その瞬間」に判断を強いられ続けてきた。「正確なところがちゃんとわかるまで、判断を保留しよう」では、生活できなかったのだ。全て私たちが信をおいているものには、そうした時間のトラップがつきまとっている。何かを信頼した瞬間、未来にそれがまちがいだったとわかる危険を引き受けている。恋をした瞬間、振られて傷つくリスクを負うのに、少し似ている。

＊＊＊＊

２０２３年は水星と火星が逆行した状態で明けた。１月半ばまで両者の逆行は続き、特に山羊座で逆行する水星は、牡牛座に滞在中の天王星と強い角度を結んでいた。山羊座は権威、牡牛座は価値に関係の深い星座である。このところ火星が長期滞在している双子座は、知の星座であり、古くは宗教の星座でもあった。この配置を目にしたとき、「教会の隕石」の話を思い出した。山羊座水星はたとえば「権威付けられた知」を示す。これが逆行するのは、まさに「定説の捉え直し」が起こりそうな配置ではないか。双子座火星は「議論」、古くは「宗教的論争」と解釈されたという。この配置が始まったのは2022年8月下旬だが、日本社会はまさにこの間、ずっと「宗教」にまつわる論争と向き合ってきた。旧統一教会と政治のつながりを巡る議論が巻き起こっていたのだ。

宗教も、科学も、「信じること」と無関係でいられない。「当たり前、当然」「正しい」「善」と思ってきたこと。その「捉え直し」は、プライドの傷つく、とても辛い行為である。山羊座はプライドの星座でもある。権威とプライドは切っても切れないもので、だからこそ孔子は「君子豹変す」と言ったのだろう。本当に偉い人は、その苦しみを超越できるのだ。

君子ならざる凡庸な私などは、小さなプライドにしがみついて、過去のまちがいを思い出すだけで赤面し、無意識に変な声が出てしまう。それでも尚、過去の誤りを認めることには、意義がある。世間にはそれを嘲笑する人もいれば、「水に落ちた犬を叩く」人もいる。凡百のやることはこれほどに小さい。しかし、それでも尚。この言い方が、私は好きだ。心の中に「それでも尚」を、いつも持っていたい。山羊座は権威の星座である以上に、「リアル、現実」の星座でもある。本当の山羊座の水星逆行とは、「それでも尚」の強さなのだ、と私はイメージしている。

蟹座の火星の「暴発」 ― 品位（ディグニティ）

〝三、マーガレットは、作者自身が同情もし好意も寄せている人物だということは理解できるが、できることなら彼女の性格をもっとはっきり観客の同情を得るように描いてほしい。

この提案のうち私がはじめから全面的に受けいれる気になったのは第三点だけだった、というのは「雌猫マギー」の性格を書きすすむにつれて、私には彼女がますますチャーミングに感じられてきていたからである。〟

（T・ウィリアムズ著　小田島雄志訳『やけたトタン屋根の猫』新潮文庫）

引用部の冒頭の「三、」は、箇条書きの番号である。演出家エリヤ・カザンはテネシー・ウィリアムズの戯曲『やけたトタン屋根の猫』の原稿を一読し、3点の変更を要請した。この一文はエリヤ・カザンの要請に従って改稿したふたつめの第三幕についての「説明」であるが、本作の冒頭や他の作品にも彼は、ト書きを超えた文章をじっくり書き込んでいる。驚くほど作者と作品の距離が近い。作家の純情がまるだしになっている。自分の気持ちを、読者になんとかわかってほしいのだ。作品の中で「自分はこういうつもりで書いた」と、ダイレクトに語ってしまっているのだ。私が読んだ戯曲作品はほんのわずかだが、たとえばチェーホフやイプセンには、こんな「近さ」は感じなかった。

『やけたトタン屋根の猫』は、ガンに侵された農場主とその妻、遺産を狙う長男夫婦、愛の喪失で傷つききった次男夫婦の、むきだしの愛憎劇である。特に、次男ブリックの愛を求めて得られない妻マギー、同性愛を否定して愛する友を失い荒廃するブリック、そしてブリックの父である「おじいちゃん」へのガン宣告がドラマの中心となる。誰もまともに愛し合えていないのに、彼らはなぜかバラバラにならず、くんずほぐれつダンゴのようにまとまりあっている。「生きている人々が共通の危機という雷雲にとり巻かれたとき交わす、かすんで、チカチカして、いまにも消えそうな――それでいておそろしくピリピリする！――相互作用」を、作者は描き出そうとしている。そこでは、私たちが日常的に慣れ親しんでその外側に出たくないと思っている「あたりさわりのない」会話は吹き飛ばされる。「真実」を語るという悪魔の破壊行為が人を誘惑し、雷が落ちてくる。その先に何が起こるか、書いてみるまでは、作家にも解らない。

テネシー・ウィリアムズの作品は「自叙伝的」と評される。確かに登場人物と彼の家族とのあいだには類似点が多い。ただ、たとえば『ガラスの動物園』のローラは作者の姉がモデルである、など個別のキャラクター設定を超えたものが、そこにあるような気がする。ローラの母アマンダや『欲望という名の電車』のブランチ、本作のマギーやスキッパー他、「愛されない人間の苦悩」が作中に、割れたガラスの破片のように散らばっていて、作品のどこを歩いてもその欠片が足の裏に刺さって痛いのだ。作中の誰が現実の誰、ということでなく、彼の作品にばらまかれた愛の絶望の欠片の全てが「自叙伝」なのではないか。そしてそれは、読み手の私自身の自叙伝ともなる。足の裏から入った欠片がもともとある心臓の傷に入り込んで再び痛み、二度と取れなくなる。

＊＊＊＊

2023年4月、火星は蟹座に入った。その前は2022年8月下旬からこの3月末まで、双子座に長期滞在していた。星は星座に入り、そこでひとつの空気や流れをつくる。10個の星が12の星座にそれぞれの時間、位置することで、様々な空気や流れが生まれ、それら全体のハーモニーが「星占い的に見た現在」だということになる。

特に火星は普段は2ヵ月弱で動くが、2年に1度は半年ほど、ひとつの場所に長期滞在する。半年も続いた空気がパッと変わるのは、私たちの時間感覚では、かなりビビッドな変化だ。

この時期火星が入った蟹座はドメスティックな星座で、感情、共感、家族、庇護、養育などを象徴する。ナショナリズムやパトリオティズムとも関係が深い。ほとんどの戦争は「自国民を守る・愛する者を守る」という正義のもとに行われる。闘いの星・火星が蟹座にある風景は、たとえばそういうイメージである。大事なものを守るためとなれば、人間は無謀なこともする。自分を破壊する。破れかぶれになる。蟹座の火星の「闘い」は感情の暴発であり、統制されていない。

星占いには「品位（ディグニティ）」という考え方がある。各星座に星が巡っていくのだが、星座と星の間に、ある種の相性があるとするのだ。たとえば、金星は魚座で居心地が良い。土星は天秤座で良いところを出しやすい。太陽は牡羊座で元気が出る。これらの組み合わせは『高揚（イグザルテーション）」と呼ばれる。一方、相性が悪い組み合わせもある。太陽は天秤座で力が出にくい。火星は蟹座でぶすぶすくすぶる。月は蠍座でコントロール不能になる。これらの組み合わせは「下降（フォール）」と呼ばれている。他にも「障害（デトリメント）」「オウンサイン（自宅）」があり、さらにひとつの星座を細かいエリアに分けてその位置を云々する技法もある。

フォールやデトリメントは、星にとって居心地が悪い組み合わせである。「穴の中に入ってしまって声が聞こえづらい」とか「ＴＰＯが間違っている」とか、様々な表現で紹介される。星座と星の機能を考えると、その「居心地の悪さ」はけっこう、納得できる。蟹座は「家の中」なのに、火星は「暴力」なのである。家庭内暴力は、外部からは見えない。たいていは強い者が弱い者をいじめるような格好になる。差別とか、排除とか、そんなイメージも浮かぶ。さらには、蟹座は「庇護」の星座で、臆病だと言われる。臆病さが極まると、過剰防衛になる。蟹座の神話は実は、闘いの物語である。ヒドラを守るため、大蟹はヘラクレスに立ち向かい、あえなく踏みつぶされる。蟹がヘラクレスに向かっていったのは、女神ヘラの命令だったとも、ヒドラが自分の友達だったからだとも言われる。大蟹のこの闘いの物語は、蟹座の火星を表現しているようにも見える。守りの星座・蟹座なのにもかかわらず、攻撃に転じたとき、蟹は自分を守ったり逃げたりすることを考えないのである。怒りの暴走、攻撃力の暴走である。それは、ヘラへの忠誠なのか、ヒドラへの友情なのかはわからないけれども、大切なものへの感情である、とは言えるだろう。自分自身を守ることから離脱してしまった蟹座的なマインドは、愛する者としての自由を獲得する。傷つくことを恐れなくなった者こそは、真に畏るべき者なのだ。その人は大蟹のように全てを一瞬で失うこともあるが、逆にその無私のエネルギーで、現実を一変させることもあるのだ。

切迫する危機に際し、やけたトタン屋根の猫のように大暴れするのは、決して賢いことではない。ただ、そうした無我夢中の暴れまわりの中から、偶然的に「雌猫マギー」のように一条の光を紡ぎ出してしまう人がいる。『欲望という名の電車』のブランチもまた、やけたトタン屋根の猫であり、無軌道に暴れ回ったあげく完全に破壊されてしまったが、「雌猫マギー」は最後にかすかな希望を残した。

何を守りたくて、何と闘っているのか。トタン屋根の猫にはもはやそれさえほぼ自覚できないが、それでもマギーのように「得られぬ愛を虚しく求める者」から「愛する者」へと劇的に舵を切れないともかぎらないのだ。その舵のありかは、むきだしの真実の、理不尽な大暴れの中からしかみつからない。

「実行」の配置　―　アスペクト

〝「ですが、もし、ある人間があまりにも感受性がありすぎて、社会の外科医に課された激務に耐えられないとしたら？……　刑罰は犯罪人で終わりますが、車裂きの刑、絞首刑、斬首刑を執行する善行の人もまた犠牲者なのだということを、人々が考えてくれたことがあったでしょうか？　この犠牲者には、自分が与える死のすべての結果が降りかかるのです」〟

（オノレ・ド・バルザック著　安達正勝訳『サンソン回想録』国書刊行会）

フランス革命期、ギロチンはルイ16世やマリー・アントワネット、ロベスピエールなどの著名人を筆頭に、数千人の血を吸った。無論これは比喩的な表現で、ギロチンは単なる道具でしかなく、そこには道具を動かした人間がいる。現代の日本でも死刑はあるが、死刑を執行する人々のことを、多くの日本人は匿名的な役割としてイメージしている。しかしもし彼らが名前や顔、住所を公表し、「著名人」であったら、どうだろう。「一般の人たち」は、彼らをどのように扱うだろうか。

ムッシュー・ド・パリと呼ばれたサンソン家の当主達は、そのような存在だった。彼らは死刑執行人として恐れられ、穢れた存在として差別された。しかし一方で徳を尊び、貧しい者を助け、宗教的な罪を犯し続けることの葛藤を生きた。サンソン家4代目の当主シャルル＝アンリ・サンソンは、自身の経験や思索を綴った手記を残した。他の当主達も手紙や日記などの資料を多く残しており、5代目サンソンはそれらを作家バルザックに託した。

誰が加害者で、誰が犠牲者なのか。複雑に入り組んだ人間社会では、それが判然としない。ひとりひとりのほとんど無意識による小さな力が、大きくまとまって支配的な力を生み出し、それを背景に決定的に大きなことが行われる。その典型が、死刑執行である。「刑を執行する善行の人」を犠牲者としているのは、現代では一般市民である。だが、それを日常的に自覚している人々は今なお、わずかでしかない。

学校や職場で起こるいじめやハラスメントは、多くの傍観者に支えられていると聞く。傍観者のうち数人が異論を唱えるだけでも、いじめはかなりの割合で阻止されるという。

世の理不尽や残虐、残酷を遠くから傍観し、無言の内に目を伏せて受容する人々には、一切の悪意はない。でも、そうした悪意なき傍観と容認の小さな流れが集まってやがて大河になった先で、執行する犠牲者と、執行を受ける犠牲者とが生まれる。その大きすぎる結果を見てショックを受ける人々もまた、罪を押しつけられた犠牲者と言えそうだ。世の中は犠牲者であふれている。刑務所には、順風満帆な生育歴・人生史に恵まれた人はわずかしかいない。このことを私たちの社会はまだ、解決できていない。

現代では、フランス革命の頃に比べればずっとよい法体系が作られている、と私たちは考えている。確かに広場や河原に人を集めて打ち首や縛り首を見世物にすることはなくなった。しかし、丁寧に隠されてはいても、日本では絞首刑が行われている。「斬首刑を執行する善行の人もまた犠牲者なのだということを、人々が考えてくれたことがあったでしょうか？」。この問いは、現代社会においても死んではいない。そして死刑執行に限らず、社会の犠牲者としての仕事人、執行者は、無数に存在するのだ。

＊＊＊＊

２０２３年8月、乙女座に火星と水星が、その対岸に土星と海王星が位置していた。星占いには「アスペクト」という考え方がある。ホロスコープの上で、星と星が形成する中心角に、特別な意味を見出すのだ。基本的には360度を30度ずつに分けた星座同士の位置関係が、「アスペクト」の元になっている。0度（重なり合う、同じ星座）、30度、60度、90度、120度、150度、そして180度が最もポピュラーで、他にも360度の整数で割った度数や、ある角度の両側に出来る度数などを加える。いくつかのアスペクトはあの、物理学者ケプラーが考案したことが知られている。星座と星座の位置関係だけでそこにアスペクトを読みとることもある。

アスペクトの中でも180度（オポジション）は、非常に強力な角度とされる。特に土星と火星の組み合わせは「エクゼキュート、断罪」を連想させる。乙女座は実務の星座であり、火星は刃物や火器の星だ。魚座は過去の記憶、土星は責任と義務を象徴する。乙女座－魚座ラインは本来、星座の意味合いでは治癒と救済の世界なのだが、そこに火星や土星という、厳しい力を象徴する星が入ると、引用部の「社会の外科医」という表現が胸にダイレクトに突き刺さる。権力が実務的に暴力を用いる、そのイメージである。ちなみに、この時期に起こった出来事で強い印象を受けたのは、ロシアの傭兵組織ワグネルのリーダー、プリゴジンが乗った飛行機の墜落だった。このタイミングでは「航空機」を象徴する天王星も120度の角度で噛み合っていた。真相は分からない。

「能動星座」「受動星座」という分類がある。古い時代には「男性星座」「女性星座」と称された。「能動星座」は牡羊座、双子座、獅子座、天秤座、射手座、水瓶座である。「受動星座」は牡牛座、蟹座、乙女座、蠍座、山羊座、魚座である。

世の中を捉える時、「白紙の、未踏の世界」と考えるか、それとも「所与の、既に構築されている世界」と捉えるか、という違いがある。たとえば、闘いや移動は現実を「まだ何もなされない状態」と捉えた上で行われる。一方、治療や実務はまず、眼前の現実を所与のものとして受け入れるところから始まる。前述の星の配置は、主に受動星座に偏っていた。乙女座、魚座、牡牛座に集まった星々が、「既にある現実」「起こってしまったこと」を、様々に料理しようとしていた時期だったのかもしれない。

3代目サンソンは息子に「腕は、頭がすることに干渉してはならない」と教えた。文民統制、軍人の心得である。しかし「市民」はどうだろう。もとい「市民」という表現は日本ではあまり一般的ではない。ふつうの人々、市井の人々、大衆、民間人、生活者等々、様々な言い方があるが、犠牲者であり加害者でもあり続ける無数の人間としてのアイデンティティを、どのように持つことができるだろう。

人間は、所与の世界に生まれ落ちる。ある程度大きくなるまでは、世の中を受動的に捉えてゆくしかない。すでにある仕組みを学び、過去に起こった出来事を学び、教えられたことを受け取って、ある程度以上にそれに従うしかない。しかし、成年に達してからは、

「既にあるものを受け入れる」ことだけではやっていけなくなる。既存のシステムを疑い、ルールを疑い、「受け入れるだけ」の存在を脱することを迫られる。「みんなと同じように、普通にやっていれば、なんとかなる」という考えでは、立ちゆかなくなることがある。「頭」を用いることを要求されるし、自分自身のためにも、それがどうしても必要になってしまう。闘わざるを得ない局面に立たされ、腕が頭と結びつく。

人々が「頭」を用いることは、その人々を利用しようとする側からすれば、脅威である。人々が腕と頭の両方を持つことを、社会的な権力は激しく恐れる。警戒する。私たちはそのせめぎ合いの中で生きている。

従っている意識がなくとも、無意識に従い、関与している。死刑執行者に会ったことがなくとも、誰もが死刑執行者と関わっている。

「嘘」と反省　―　アスペクト

〝さらに嗤うべきは、誤りが訂正された後も、真実と向き合おうとした研究者は僅かで、殆どが無反応であったばかりではなく、誤った認識の延命を図る者まで現れたことである。認識を改めるだけでなく自分の業績を自ら否定しなければならない辛さは想像に難くない。しかし真実から目を背けて正しい研究を行うことは不可能である。源氏物語研究の現況を見ていると、文学研究も科学であると主張する気にはとてもなれないのである。〟

（佐々木孝浩著「虚像としての編集――「大島本源氏物語」をめぐって」／納富信留・明星聖子編『フェイク・スペクトラム　文学における〈嘘〉の諸相』勉誠出版）

２０２４年の大河ドラマ、主人公は紫式部であった。彼女の書いた「源氏物語」は、誰知らぬ者とてない歴史的名作である。この作品の現状最も信頼されるテクストが「大島本」であり、小学館『新編　日本古典文学全集』収録のものや最新の岩波文庫版もこれに依拠しているという。しかし、国文学者池田亀鑑が示したその信頼性の前提となるべき事実が、実は誤認だらけである（！）というのが、引用元の主張である。「はじめに」に記されたこの一文の、語気のはげしさに驚かされた。

読後考え込んだのは、本のタイトルにある「嘘」のことである。一般に「嘘」の特徴として「①事実でないことを言う。②発話者自身が事実ではないと思っていることを言う。③聞き手を騙す意図がある」（西村義樹、野矢茂樹著『言語学の教室　哲学者と学ぶ認知言語学』中公新書）があげられる。3条件のうち「これは嘘かどうか」を判断する上で一番軽視されるのは①だという。

「嘘」を辞書で引けば、「事実でないことを言う」が第一の定義として出てくる。人に「嘘とは何か？」と聞いても、そう返される。しかし私たちが現実に「これは嘘だ」と認識する上では、「その話が事実かどうか」は、けっこうどうでもいいらしいのだ。たとえば「自分は胃がんだと信じている人が、周りを心配させないように胃潰瘍だと嘘をつく。でも、その人は本当に胃潰瘍だった」（同書）という例では、この人の語ったことは「嘘」なのだ。

冒頭の引用元では、池田亀鑑がなぜ源氏物語の「大島本」を権威づけるに至ったか、その動機について「今更の訂正ができない状況に池田は追い込まれていたのではないだろうか」との想像が示されている。気づいていたのであれば、「嘘」になる。しかし、人間は自分で自分を騙すことができる生き物でもある。

昨今ベストセラーとなった竹倉史人著『土偶を読む』（晶文社）を読み、その後反論本として出版された望月昭秀編『土偶を読むを読む』（文学通信）をも読んで、私は、胃がキリキリと痛くなった。もちろん、私は考古学は全く門外漢で事の当否を判断はできないが、少なくとも『読むを読む』には、ある程度以上に説得された。私は物書きのはしくれであり、『土偶を読む』の著者が「土偶とは植物の精霊ではないか？」とアイデアを得た興奮や、その興奮で勢いよく文章を書いたアツい気持ちは、勝手ながらリアルに想像できた。その後竹倉氏が反論本を読んだかどうかは知らない。が、私は『読むを読む』を読み、自分が熱を持って書いた文章の誤謬を指摘された時の辛さをイメージして、勝手に胃痛になったのである。

冒頭引用部の「自分の業績を自ら否定しなければならない辛さは想像に難くない」という言葉、これは本当に切実な、重い言葉だ。間違いは「嘘」ではない。世の中が断罪するのは「嘘」である。前述の認知言語学的な3条件の観点に立てば、池田亀鑑は「嘘をついた」可能性があるが、それはだれにもわからない。もし土偶についての竹倉説に反論本どおり誤りがあったとしても、それは「嘘」には当たらないように思われる。

＊＊＊＊

2023年7月、魚座の土星と乙女座の火星が180度を組んだ。火星は闘いの星であり、土星は制限、宿命、規律の星、厳格な学究の星でもある。土星と火星の組み合わせは、前にも触れたとおり、厳格さや裁定、断罪といったテーマを指し示す。

乙女座－魚座は対岸の星座で、ポラリティ（極性）という意味の繋がりを持っている。乙女座はケア、魚座は救済の星座であり、またある意味において、魚座は夢と真実、乙女座は具体と現実の星座で、つまり魚座は（原義的な）嘘、乙女座は事実の星座と言えなくもない。ただ、真実と現実は、時に重なり合わない。

まど・みちおは「うそつきは　まあ正直者だ」（「もう　すんだとすれば」『まど・みちお全詩集』理論社）とうたった。両者は、靴下の裏表なのだ。人間はだれでもミスをする。そのミスが他者を傷つける場合もあればそうでない場合もあるが、ほかならぬミスした当人は、問違いなく深く傷つくのだ。この容赦ない傷の痛みに、人間はどのように立ち向かいうるだろう。

土星は固く冷たい石や骨、火星は刃物や鉄を象徴する。この時期の「治療・救済」はある意味、外科的に実現するものなのかもしれない。

＊＊＊＊

本稿と前稿の両方が、同じ「火星と土星のオポジション」を読んでいる。星と星が形成する角度「アスペクト」の解釈には、限りない広がりがある。これを「デタラメ、こじつけ、何でもあり」とみる向きもあると思う。私もそんな気がしている。

しかし同時に、両者に一本貫かれている象意の繋がりがあるのは、認めて頂けるのではないか、とも思っている。あらゆることを包摂しようとするのに、あれもこれも、のバラバラのデタラメになりきらないのが「象徴」の世界の不思議さである。それは、人間の心がものごとを捉える時のやりかたの不思議さ、ということなのだろうと思う。

「縁」の不思議 ―― ドラゴンテイル、食

〝ジャコメッティの回顧展の会場に立つときには、他のいかなる画家や彫刻家の場合よりも、聖廟の薄明のなかにいるような、――もしこういってよいなら――死者たちの闇の、澄み切った明るさの主間《ホール》に案内されたような感慨を覚える。〟

（宇佐見英治著『見る人　ジャコメッティと矢内原』みすず書房）

先日、ある展覧会の案内ハガキが届いた。それは表参道の画廊「Galerie412」のオーナー、村越美津子さんの訃報でもあった。2024年1月、90歳で亡くなったという。村越さんの思い出をたどる展覧会が開かれるとのことだった。

Galerie412は表参道ヒルズの一角、同潤館の中にある。ここにはかつて「同潤会アパート」というレトロな建物が建っていた。村越さんは1974年、このアパート内にギャラリーをオープンし、そこはだんだん、文人やアーティストの集う場となっていった。

村越さんがこのギャラリーを開いたきっかけは、ジャコメッティの彫刻作品との出会いだった。パリに旅行に出かけた彼女がある美術館の一室に入ると、そこに2メートルほどもある人型の彫刻が置かれていた。ほかにはなにもない。「そこに夕日がすーっと射し込んで、影が、さあーっと、こう、部屋の中に落ちてたのね。あのとき、あの夕日がなければ、画廊をやっていなかったかもしれない。本当に、すばらしかった」村越さんはそう語った。

画家・彫刻家ジャコメッティの日本人ファンならきっと、哲学者・矢内原伊作を知っていて、文学者の宇佐見英治を知っている。ジャコメッティが執拗にポーズを求めたモデルが矢内原伊作であり、ふたりを引き合わせたのが宇佐見だった。引用の『見る人』には3人の濃密な関わり、そして宇佐見と矢内原の「無気味な友情」が綴られている。

ふたりは他の芸術家や編集者とともに、このGalerie412にしばしば集った。私は『見る人』を作ったみすず書房の元社長、加藤敬事さんにここで偶然お目にかかり、そうしたお話を直接伺った。『見る人』には宇佐見と矢内原ふたりの対談が収録されているが、対談はこのGalerie412で行われ、司会をしたのが村越さんだった。

村越さん、そして村越さんとともにギャラリーを運営し、今はそれを一手に引き受けている渡部さんのふたりは、私にとって刮目させられる存在だった。若々しい活力と知性に溢れ、なにより「優雅というのはこういうことを言うのだな」と思わせる方々だった。都会的で、上品で、たとえば文人達が「佳人」と呼ぶような人は、多分こんな人なのだなと考えた。私はといえば、同じ人間で、同じ女性でありながら、なんという違いだろう。都会に出てきたばかりの、粗野な田舎娘である（もういい年だったが）。いつもはげしく気後れしながら、まぶしいような思いでおふたりの話を聞いていた。

10月末にムリヤリ1日をひねり出し、日帰りで京都からGalerie412に駆けつけた。渡部さんは微かに涙の気配のする明るい声で「お久しぶり」と手を取って下さった。その瞬間、来てよかったと思った。訪問客が引きも切らないなか、少しだけお話しできた。あの加藤敬事さんも、2021年に亡くなっていた。死の直前にまとめられた著書『思言敬事ある人文書編集者の回想』（岩波書店）が数冊積まれていて、1冊購入した。

私は自分でものを書く時、その内容を、事前には誰にも話さないようにしている。それは料理をするのに似ていて、ひとつの材料（アイデア）に包丁を入れられるのは、ただ一度なのだ。だが、そんなのは多分、例外的なのではないかと思う。古来多くの文人、学者達は、互いに盛んにアイデアを示しあい、鍛えあって自分のテキストを作ってきた。文学は、無限の対話と友情の中にあったのだ。引用部を読んだとき、私の脳裏には、村越さんが語った光景があざやかによみがえった。ギャラリーオープンのエピソードをきっと、宇佐見さんも聞いていただろう。意識してのことではなかったかもしれないが、おそらく村越さんが見た光が、宇佐見英治のイマジネーションにふと、混じり込んだのではないか。

帰りの新幹線で、加藤さんの本を開いた。しばらく読み進めるうち、息が止まった。〝星占いの石井ゆかりさんに会ったのも、ここだった。ウサミ・ヤナイハラの遊びの世界に少し紛れこんだ気がした。〟とあった。

2022年10月末、蠍座の日食の魔法である。
星占いにおいて蠍座は死と、ドラゴンテイルは過去の縁と結びつけられる。

＊＊＊＊

ドラゴンヘッド・ドラゴンテイルは、天体ではない。地球から見上げたところの太陽の通り道である黄道、そして月の通り道である白道の交差点が、ドラゴンヘッドとドラゴンテイルである。ふたつのリングを斜めに重ね合わせた時に、交点がふたつできる。一方がヘッドで、もう一方がテイルとなる。ヘッドはノースノード、テイルはサウスノードとも呼ばれる。この点の近くで満月、新月が起こると、それぞれ月食、日食が起こる。特にインド占星術では、両者を非常に重視する。

食やドラゴンヘッド・テイルの解釈は、様々ある。その中で私が好きなのが、「縁」という解釈である。ドラゴンヘッドは未来への新しい縁を、テイルは過去への古い縁を象徴する、と言う。

日食は「特別な新月」であるから、ロングスパンでのスタートラインであり、そこで始まる出来事は、何らかの縁によって引き起こされる。ヘッドでの日食は、新しい出会いからのスタートである。一方、ドラゴンテイルでの日食は、過去の出来事からの贈り物のような、時間を超えた繋がりから始まる何事かを指し示す。たとえばそんな解釈が成り立つと思う。

私にとってはこの一連の出来事が、蠍座のドラゴンテイルでの日食に、ぎゅっと凝縮されている。日食のナラティブが、私の出会いと経験に、添え木のように寄り添っている。

占いの周辺

闇に触れる時間 ——「暦」と星占い

〝わたしはこれを、できればただの偶然とみたい。けれど、生涯にただ一度の馬琴の（夢の）冥府訪問が、盆の精霊会でもなく、ましてただの日でもなく、当時なかば忘却の中にあった、さまよえる精霊たちの復活の日、そして闇の語り手たちの目ざめる日、三月十八日以外のどの日でもなかったという事実は強烈にすぎる。〟

（高田衛著『新編　江戸幻想文学誌』ちくま学芸文庫）

滝沢馬琴は寛政十一年三月十八日の未明、「あの世」をめぐる夢を見た。亡友が夢に現れて、今日は「冥府放赦の日」だから会いに来た、と言う。彼に連れられて冥土にでかけた馬琴は姑に遭遇したが、ほかに特に会いたい人にも会えぬまま、半ば追い返された。妙に消化不良の夢だが、彼はこの夢に強い印象を受け「昔小野篁が地獄巡りをしたという話を、以前はつくりごとだと思っていたが、いまは信じる」という意味のことを書き添えた。

旧暦三月十八日、「冥府放赦の日」とはなにか。それは、古く観音の縁日であり、三社祭の日（江戸時代には旧暦三月十八日に行われた）であり、小野小町や和泉式部などの命日ともされた日だった。柳田國男はこの日を「我々の昔語りの日」と表現している。「暦で日を算へて十八日と定めたのは仏教としても、何かそれ以前に暮春の満月の後三日を、精霊の季節とする慣行はなかつたのであらうか」。高田衛先生は「できればただの偶然とみたい」と書かれているが、これはあきらかに反語的表現である。

実は、星占い的にこの「旧暦三月十八日」を考えてみると、冥界ツアーにかなりぴったりの日なのだ。年によってブレはあるのだが、3日前の旧暦三月十五日の満月は、多くが天秤座の満月となる。天秤座の満月から3日すると、これも例外はたくさんあるが、月はほぼほぼ蠍座に位置する。蠍座は過去には火星、今は文字通り「冥王」星の支配下にあり、ごく古い時代から「死（と再生）」に関連付けられていた。太陽が牡羊座にあれば月のある蠍座は8番目、この「第8番目の場所」も、星占いでは「死のハウス」である。

私がこう説明した西洋占星術の考え方は、何千年も前から交易路を伝い、アラブ世界、インドや中国にも「共有」され、形を変えながらも脈々と受け継がれた天空の解釈システムだ。たとえば『七曜攘災決』という7惑星、12ハウスの吉凶判断が解説された文書が、9世紀に日本に伝わっている。こうした知識が形を変えて、「昔語りの日」の伝承になったとしてもおかしくはない気がする……と、これは私の勝手な想像だ。多分偶然だろう。

夢と、闇と、死後の世界と。現代では電灯が煌々と闇を照らし、メディアは夜通し「コンテンツ」を流していて、世界は眠らない。昼光色とブルーライトに晒され続ける日本社会では、奇しくも「ずっと真夜中でいいのに。」や「YOASOBI」というアーティストが支持されている。岡崎体育の『龍』という美しい曲があるが、若者達の夢見る夜は、あくまで「世間」「正義」「競争」「同調圧力」等に傷ついた心のための、やさしい避難所である。そこにおどろおどろしい死の恐怖はない。更に言えば、避難所としての「夜」は、やがて明ける。明ければまた必ず、元の明るい苦しみの世界に戻らされる。そのイメージは刹那的で、破滅的でもある。

闇は、社会の外界である。冥界、幽界、異次元世界、なんでもいい。見える世界だけで全てが完結するのではなく、ちゃんと世界の外側に、全く別の世界があるのだ。その幻想こそが、人間にとっての「救い」ではないだろうか。完全な闇、それは限りなく怖ろしいが、「この世」の限界を解き放つ最後の救いの可能性ではないか。光り輝く観世音菩薩が来迎するなら、それは不可知の闇の彼方からでなければならない。その闇夜を失ったら、私たちはどうなるだろう。「オカルト」も隠れきれずに魔力を削られていく世の中なのだ……などと考えて、思いとどまった。いやいや、夢はそんなに弱くはないのである。

たとえば現代的な「冥界の夢」に「事故物件（心理的瑕疵物件）」がある。家屋敷の「記憶」が私たちと冥界を出会わせてしまうという幻想は、現代社会でもちゃんと信じられている。ゆえに、あちこちで特集記事が書かれ、事故物件に住んでレポートすることを仕事とする人もいて、なにより家賃が安い。これはまぎれもない信心（？）の証拠である。

夢はそれほどに強力なもので、だからこそ、夢に心を奪われないよう、気をつけなければならない。「春はへんなのが増える」とよく祖母が言ったが、「へんなの」の幾人かはもしかすると、冥府放赦の日、夢に心奪われて帰れなくなった人々だったのかもしれない。

クロノスとカイロス ——「暦」と星占い

〝（前略）世の中に絶無の例であった晦日に月も出た。（中略）代わりに「天長節、紀元節などといふわけもわからぬ日を祝ふ」（『開化問答』）ことが求められる。一般の人心は頗る動揺、同年には敦賀県、鳥取県、福岡県などで政府の文明開化政策に反対し、太陽暦を廃止し従前の通り太陰暦に戻すことを訴えの一つに掲げた暴動まで起きた。〟

（下村育世著「暦の近代化とその影響」／国立歴史民俗博物館編『陰陽師とは何者か　うらない、まじない、こよみをつくる』小さ子社）

本稿を書いている2024年3月13日、ニュースに「カイロス」の文字が躍った。宇宙ベンチャー「スペースワン」が開発した小型ロケットの名前である。ロケットは飛び立ってから5秒後に空中で爆発、初号機打ち上げは失敗に終わった。「カイロス」は「クロノス」と並び、「時間」を意味する言葉である。河合隼雄先生は、両者の違いを相撲の取組で説明していた。力士ふたりが向き合って立ち合いが成立するまでにかかる時間、これはあらかじめ決められない。相撲は「神事」であり、そのタイミングは聖なるもので、言わば「降りてくる」のだ。これが「カイロス」である。しかし相撲のラジオ中継が始まってからは、放送時間の都合で「制限時間」が設定された。こちらが人間の管理可能な時間「クロノス」である。失敗に終わった打ち上げは「時が来ていなかった」か、または「時が満ちる」までまだ試行錯誤が必要、ということなのだろう。

先日、宗教社会学の研究者、下村育世先生と対談の機会を頂いた。下村先生の著書『明治改暦のゆくえ　近代日本における暦と神道』(ぺりかん社)では、明治維新の際の旧暦から新暦への変更にまつわる様々な経緯が掘り下げられていて、とてもおもしろかった。一般に明治維新での「改暦」は文明的で科学的な出来事と考えられているが、実はそれほど単純ではなく、むしろ「復古」「神道」をドライビングフォースとして広められ、ナショナリズムや軍国主義とも密接に関わっていた。

暦が変わるということは、生活時間が変わるわけで、大変なことなのである。主に季節や朔望に仕事が直結する農業、漁業従事者たちが大混乱に陥り、引用部のように暴動まで起きた。改暦にあたり各地の有識者から政府に「建白書」が出された。そこでは同様の事情から、「太陽暦でもいいけど、正月は立春で！」の声が多数を占めていた。現行の元日は天文学的には、特段意味のないタイミングである。その点、立春は冬至と春分のちょうど中間、星占い的には「水瓶座の15度に太陽が来るタイミング」であり、断然話がしやすい。

暦の刻む時間は、計算も計量もできる「クロノス」である。しかし旧暦は、現代の暦と比較すると、幾分「カイロス」的に感じられる。月の朔望のサイクルと太陽のサイクルの交わったところに編まれる太陰太陽暦には「出会い」がある。たとえば光のない浄闇に年が明ける、というイメージは、いかにも清らかで、厳かである。そこには、人間が意味を読み取る余地がある。天地との交流の可能性がある。

2024年4月9日、皆既日食が起こった。日本からは見えなかったが、アメリカやメキシコなどの一部地域が日食帯に入り、多くの人が空を見上げた。私が思うに、皆既日食は、できれば是非見るべきもののひとつである。世の中には「それが何の役に立つか？」という観点でのみ物を考える人がいるが、皆既日食を見るという体験は、ワンストップである。あれを見た人は「これが他で何の役に立つだろう」などとは絶対に、考えないだろう。自分の人生が「皆既日食を見た人生になった」という、そのことで意義が完結するのである。

私は2012年に、オーストラリアのケアンズまででかけて皆既日食を見た。曇ってしまえば見えないので、日食ツアーは賭けである（飛行機に乗り、雲の上で見るツアーはそうではないが、天候不良で飛行機が飛ばない可能性だってあるわけで、やはり賭けである）。しかし、実はけっこう手近な未来に、日本でも皆既日食を見られるタイミングがあるのだ。2035年9月2日である。それまでに、皆既日食帯に入る地域に移住しようかと、半ば本気で考えている。当日曇ったら移住計画全体が灰燼に帰すわけだが、それでもいいやと思えるほど、皆既日食はイイ。

皆既日食を見る意義は、多くの人が語るところだが、私としてはやはり「地球が宇宙に浮かぶ星だと体感できる」点だと思う。星の王子さまが自分の小さな星で、宇宙に頭を突き出してぴょこんと立っている絵があるが、私たち自身もまさにそのとおりだということを、皆既日食は実感させてくれるのだ。

昔の人が日食・月食の起こるポイントを「ドラゴンヘッド・テイル」と称した理由も、皆既日食を見て分かった気がした。重なった月が太陽から僅かにずれた時に起こる「ダイヤモンドリング」と呼ばれる現象は、写真や映像で見るのと、肉眼で見るのとでは、全く違う。肉眼で見ると、あれは「ダイヤモンド」ではなく、蛇や竜の目のように見えるのだ。つるんとつやつやした、輝く楕円の目が、こちらを静かに見つめているように見えるのだ。

古来、暦を作る学者や陰陽師達にとって、食の予言は重要な仕事だった。「暦の編纂にとって「第一の勤め」として古来重視されてきたのは、食の予報である。（中略）ところが、科学の粋を集めた帝国大学附属の天文台が編纂した明治二四年暦の誌面で五月二四日に起きるはずの月食予報が脱漏した」（『明治改暦のゆくえ　近代日本における暦と神道』）。これにより、帝国大学総長、理科大学長の2名が総理大臣に進退伺いを立てるハメになった。おそらく単純なミスだろうが、食予報がこれほど最近まで公的な「事件」になっていたというのは面白い。

食は古い時代にはひたすらに恐れられたが、現代的な占いでは「長期的なターニングポイント」と捉えられることが多い。日食は特に、言わば「特別な新月」であり、ロングスパンでのスタートラインと考えられている。また、食は先にもご紹介したとおり、「縁」と関係がある、という考え方がある。日食は人と人との縁を結び、そこに新しいドラマを懐胎させる。

「『星占い的思考』の第二弾を出しましょう」と声をかけて頂いて、最初に原稿整理をし、道筋を考えたのが、実はこの2024年4月9日の日食の日であった。本書もまた、食の縁のレールに乗っかっている。そして今、この本のこの行を読んでいるあなたも、ドラゴンヘッドのカイロスの上にいる、と言えるのである。少なくとも、星占い的には。

占いの内なる道徳律　――　タロットと星占いと

本稿は「ユリイカ」のタロット特集号に寄稿した一文を、改稿したものである。

私は普段、星占いの記事を書いていて、タロットにはそれほど造詣が深いとは言えないのだが、「タロット」に個人的に親しんできた時間は、わりと長い。そこで、星占いとタロットのあいだで、私が考えていることを書いてみた。

＊＊＊＊

タロット占いは基本的に、「質問に答える」占いである。この恋はどうなるか、なくし物はどこにあるか、このプロジェクトはうまくゆくか、この株を買っても損しないか、等々、たいていは「イエス／ノー」で応えられる問いがあり、それに対する答えを求めてカードを並べる。スプレッドによっては質問者の人生全体を描き出すような壮大なものもないではないが、いずれにせよ、なんらかの具体的「問い」がなければ、スプレッドは成立しない。

一方、星占いはどうか。一般的に知られている「12星座占い」には、特段の問いは必要ない。「12星座占い」、すなわち「双子座のあなたは、今月はとても忙しく……」といった占いは、出生の瞬間を元にする「出生ホロスコープ」を基準とする占いだ。自分が生まれた瞬間は古今東西にたったひとつで、その瞬間の星の配置を描いた「ホロスコープ」もまた、古今東西にたった1枚だけ決まる。出生時の星の配置の上に「今現在運行中の星」を重ねて、その位置関係を読み解いて占うのが「12星座占い」である。もちろん雑誌の「12星座占い」では、読者ひとりひとりの星の配置を見るわけではない。読者の出生ホロスコープの「太陽の位置」だけを基準として占う。

では星占いは、タロットのように「問い」には応えられないのか。実は、ダイレクトに応える方法がある。「ホラリー」という手法である。「ホラリー」は、「クライアントから占い手に、問いが発された瞬間」の星の配置をもとに占いをするのだ。

ひとりのクライアントが占い師のもとを訪ねる。ドアをノックし、部屋に招き入れられて、示された椅子に座り、占いたいことや事情を不安げに語り始める。占い師はひととおりの話を聞いて、相手の「知りたいこと」を確認する。クライアントが頷く。占い師は机に置かれた時計をチラリと見る。そしておもむろに暦を開き、「今この瞬間」の星の位置を計算し始める……。たとえばそんなイメージである。

現代的には、占い手に送られたメッセージの受信時間（送信時間でやる人もいる）などを用いて、パソコンやスマホのアプリにその日付と時間、自分がいる場所を入力すれば、瞬時にホロスコープが現れる。このホロスコープを読み解けば、家出したネコがどこにいるかとか、なくした指輪がどこにあるかとかがわかるのだ。

つまり原理的には、ひとつの問いに対し、タロットでも星占いでも、同じように応えられる。得意な方でやればいいのである。

私はこうした占いを、クライアントのためにやることはほぼ、ない。自分の生活の中で、何かが起こったとき、時々、占うだけだ。タロットもホラリーも、どちらも使う。ただ、自分の占い方を振り返ると、タロットとホラリーをいくつかの基準で、無意識に「使い分けている」ことに気づいた。

私がホラリーを用いるときの問いは、たとえばこんな感じである。「仕事場の移転を考えて動き始めたが、移転はちゃんとうまくいくか？　うまくいくなら、それはいつ頃になるか？」「原稿を編集者に送ったが、返事は前向きなものになるか？　ボツになる可能性は？」「仕事相手とモメはじめたが、どんな感じでいつ頃収束するか？」等々。

一方、タロットでの問いは、こんな感じになる。「ツイッターアカウントを削除したが、これは妥当な判断だったのか？」「今後、仕事はうまくいくのか？　どんな方向性で仕事をすべきなのか？」「漠然と不安だが、これはなんなんだろう？」等々。

これらの「問い」には、どこか質的な違いがある。ホラリーを使うとき、私はどうも、ある種の客観性に立とうとしている。一方のタロットでは「私はまちがっていないか、私はなにか見落としているのではないか、私はどうすべきなのか」といった、「私」の視点が色濃く刻み込まれているのである。更に言えば、タロットに問いかけるとき、私は「自分として、実行できることがあるのではないか」「視点を変えたり、考え方を変えたりすべきではないのか」という思いを抱いていることが多いようなのだ。

技術的には、ホラリーでも「私はどうすべきなのか？」という問いは、受け止められないわけではない。ホロスコープにはちゃんと「自分自身」が設定される。ただ、そこに私は不思議と、「道の分岐」を求める気持ちになれないようなのだ。タロットでは、吉凶が比較的ハッキリと示される。そして同時に、メジャーなスプレッドではほぼ「対策」のカードが置かれる。「対策」ができるのだ。もとい、ホラリーでは「対策」がわからない、というわけではない。ただ、タロットの方が比較的、「対策」は容易に読める気がする。

「運命は決まっていて、変えられないのか」「自由意志は存在するか」。古来、連綿と問われ続け、考えられ続けてきた問いである。「現代思想」でつい先頃、「自由意志」の特集があり（2021年8月号）、とても興味深く読んだ。「自由」も「意志」も、考えてみれば妙な言葉である。「偶然・必然」も、考えれば考えるほど、わけのわからない言葉だ。

人間の脳に関する研究が進み、物理学の世界では時間や物質についての研究も進み、どうやら人間が無邪気に信じているほどには「自由意志」は存在しないのではないか、という議論が生まれた。「それでは法的責任を問えないので困る。それに自由意志があるから自分はこれを書いているんだし、あなたもこれを読んでいるんだろう」などという言い方もあるが、それでは「自分がそう感じている」というところまでしか言えていないのではないか。「ないとこまるから、あることにする」では、論理的とは言えないだろう。アガサ・クリスティは作中の人物にこんなことを言わせている。「そう、われわれは心のせまい、ひとりよがりな生きもので、何も知らないくせに、しきりにものごとを判断したがるのだ。わたしは心の底から信じているのだが、犯罪は医師の扱うべき問題で、警察や牧師の仕事ではないと思うよ。たぶん犯罪なんか、将来はなくなるだろうね」（アガサ・クリスティ著　厚木淳訳『ミス・マープル最初の事件』創元推理文庫）。

占いの世界では、「責任」が問題にならない。占いは、大きく言えば「世界には人知を超えたものがあり、それは人間にはコントロールできない」という前提に立つからだ。「既知」があり、「未知」があり、その向こうに「不可知」がある。科学は「既知・未知」までしか認めないが、占いはそうではない。星占いは特に、もともとが「神々との対話」であった。天に問いかけて、答えを受け取る。デルポイ神殿でポイボス・アポロンに神託を求めるように、星に「お告げ」を求める思いが、星占いの原点にある。オイディプス王は自分自身の倫理観に従って人生を選択したと自覚しているが、見事に運命の手につかみ取られた。どうにもならなかったのだ。

現代の「占い」の受け止め方には、自然科学の考え方が重ね合わされがちである。たとえば「占い」は、自然科学における「実験」や「検査」のように受け取られやすい。実験や検査は、自然全体には影響を及ぼさない(量子力学の世界では、そうでもないようだが)。サンプルをとって検査をしても、本体への影響はない。しかし、占いはそうではない。「占い」はオイディプスの例のように、全体の流れを変える変数のひとつなのである。占いをしてしまえば、占いをしなかった状態には戻れない。占いをした自分と、しなかった自分とは、別々の自分なのだ。

科学的な検査や実験は、回数を重ねれば重ねるほど精度が増す。検査や実験は、調べたい事象自体には影響を及ぼさないからだ。その点、占いは違う。1回しか占いをしなかった自分と、10回占いをした自分では、もはや違った自分だからだ。さらに言えば「占いをしなかった自分がいた」という可能性には、検討の余地がない。その可能性があったかもしれない、と自分が感じているだけのことである。運命は分岐しない。「分岐があった」と考えるのは、当事者だけである。仮定はできても、それはあくまで仮定に過ぎない。そこに自由意志があったかどうか、別の道があったかどうかは、決してわからないのだ。

「ホラリー」と「タロット」では、本質的にできることが違う、というわけではない。ホラリーにも対策もアドバイスもちゃんと見いだすことができる。正直、この稿に着手するまで、私は自分が「ホラリー」と「タロット」をテーマによって使い分けていることを、まるで自覚していなかった。無意識にやっていたのである。

私の中で、「ホラリー」と「タロット」を無意識下で分けさせている条件がいくつかある。そのひとつが「不安」だ。総じて、タロットを選ぶ時の方が、不安の感情が強い。不安を鎮めるために、カードを並べる。と、これを書くのは正直、大変恥ずかしい。私は平素「占いは信じていない」と述べている。なのに、徹頭徹尾非科学的な「占い」に、溺れる者が藁をも摑むように無益な助けを求めて、すがっているのである。そういう矛盾を自覚している。本来ならば、著名な思想家や宗教者、学者のような人々の書いた書物をひらいて深く考えたり、文学や芸術に触れて人生のなんたるかを模索したり、信頼できる誰かに相談したりして自分を立て直すのが、理性的な現代人としてあるべき姿だろう。長く義務教育を受け、年齢だけは立派に大人になり、なにかと格好つけていても、自分自身の不安とは、ひとりではちっとも闘えない。私はなにか間違っていて、それでこのあと、悪いことが起こるのではないか。この原始的な、ゆえに強烈な不安のただなかで、私はカードに無意識に手を伸ばすことがあるのだ。そういう弱い人間なのである。恥ずかしく、うしろめたい。性的な行為を恥じるように、恥ずかしい。それこそ性的なことと同じように、ひとり占いという行為は、社会的に隠しておくべきものなのかもしれない。

　こうした思いを抱いている人はきっと、少なくないはずだ。この思いは社会的なもので、複雑な道徳の文脈のなかに包み込まれている。もっとも俗なるものこそは、もっとも聖なるものなのだ。

「私はなにか間違っていて、それでこのあと、悪いことが起こるのではないか」。この問いはタロットを前にする時の、ごく基本的な構造を示しているように思われる。

というのも、占いを求める側の「問い」には、ぴったりとある種の道徳律が貼り付いているようなのだ。「なにか間違いを犯したから、この困った状況が生まれているのではないか」。しかし、この「間違い」は、一般社会における倫理道徳とは、完全には重ならない。部分的には重なるが、ずれている部分にこそ特徴がある。

たとえばこの「間違い」は、「ベッドの間違った側から起きた」というような概念である。この概念に、私は『メアリー・ポピンズ』のエピソードで出会った。ベッドには右サイドと左サイドがある。ある朝、「本当は右サイドから起きるべきであるのに、間違って左サイドから床におりた」ので、その後の出来事がメチャクチャにうまくいかない、という考え方があるのだ。この人は、毎日左サイドから起きている。決まって左から起きているので、この朝特別に何かを変えたわけではない。変わっていたのは「ベッドからおりるときの、正しい側」のほうなのだ。その朝だけは、右から起きるべきだった。それが正しかったのに、「いつもどおりにした」せいで、この人は間違ってしまったのだ。

なんというナンセンスだろう。科学的・論理的な思考能力を持つ人間ならば、こんな考え方は相手にしないはずだ。しかしながら、占いの世界ではこのような考え方が非常に大きな力を持っている。それはつまり、人間の心の中にこうした世界観、つまり「不可知の世界のルールへの畏れ」がある、ということを意味している。その証拠に、毎日の吉凶を気にする人はたくさんいる。「今日は仏滅、今日は不安」というあの考え方は、「今日はベッドの右側から起きるのが正しい日」というのと同じしくみによる。不可知の世界での「道徳」を犯した場合、物事がうまくいかない。方角を間違え、日を間違えた場合には、企図したことが成就しないのである。平安時代には「方違え」がよく行われたという。同じ家に帰るのでも、日によって望ましい方角が変わるので、その方角に合わせて遠回りをして帰らねばならないわけだ。

「不可知の世界のルール」のリクツは、人間には決して、理解できない。ただそれを「そういうものだ」と受け入れるしかない。しかしなぜ人間は、そんなものが「ある」と感じてしまうのだろう。実際「ある」からなのか。それとも、何か別の理由があるのか。人間は象徴の世界を生きる生き物だ。自分たちを取り巻く全ての物事に象徴的な意味を投影し、その意味同士を複雑に組み立てて、それで「世界」を認識している。「高い地位」と「高い梢にあるリンゴ」、「低い価値」と「足元にあるもの」。身体性から派生したイメージの緻密なフレームワークで、世の中を捉え直しているのだ。その中に、「ベッドの間違った側」「友引、一粒万倍日」などのイメージが混じり込んでしまうのだろうか。

ファッション誌で毎年組まれる「占い特集」や占いムック、占いの専門雑誌等では、非常に高い道徳性が謳われる。「善い行いをすれば、幸運が訪れる」という価値観が、疑いなくその世界の全体を貫いている。隣人に親切にし、人の話に耳を傾け、ウソをついたり悪口を言ったりしないことで、「幸せを引き寄せる」ことができる。もちろん、これほどあからさまには書かれていないにせよ、人を裏切ることや盗みやゴマカシなどを「勧める」占いはほぼ存在しないと言っていいと思う。占いの世界を貫く倫理観は、さらにその外側にまで伸びている。たとえば清潔にすること。掃除をすること。物事や他者、自分自身と「向き合う」こと。健康を大事にすること。「運が良くなる行動」として推奨されることの中には、もし運が良くならなかったとしてもやったほうがいいようなことがたくさん含まれる。もちろん、金運を上げるために黄色いものを置く、といった連想・象徴関連の「おまじない」のようなこともたくさんあるが、たとえ黄色いものを置いたとしても、その周りが散らかっていては何もならないのである。

なぜこんなことを並べたかというと、タロットには少なからず「善悪」「道徳」の雰囲気が満ちているからである。たとえば「塔」のカードには、思い上がった人間が転落する様が描かれている。「吊られた男」は刑罰を受けているし、「死神」の持つ鎌にも「裁き」の雰囲気がまとわりついている。ズバリ「正義」のカードも存在する。「女教皇」「教皇」は宗教世界での道徳観を顕わにしている。「節制」のような、生活上の教訓に近いカードもある。日常生活の中で容易に判断できる「善悪」もあれば、常人には理解し難い「善悪」も存在していて、占われる側はそうした、あらゆるルールに抵触していないかどうかを、カードで確認できるようになっているのである。

もちろん、星占いにも「善悪」「道徳」はある。たとえば、火星は怒りや暴力、土星はかたくなさや拒否、海王星は欺瞞やウソなどを示す。吉星とされる金星や木星でも、配置によっては怠慢や甘え、自意識過剰、暴飲暴食などを象徴する。さらに星と星座、星と星の組み合わせによっては、もっと多様な「善悪」を読み取ることが可能だ。ただ、タロットの「善悪」のイメージと、星占いの「善悪」のイメージは、少なくとも私の中では、質的に異なっている。それはたとえるならば、前者が「漢字」的で、後者は「アルファベット」的なのだ。タロットの道徳観は線的で、タロットは面的・立体的、と言ってもいいかもしれない。星占いの道徳観はいかにも雑然として、豊穣で、なんでもでてくる田舎の台所のようなのである。一方星占いの道徳観は、整然としていて、学校の先生のようである。多分私は、タロットに慰めを求め、いわば、「甘えて」いるのかもしれない。星占いは、あまり甘えさせてくれないような気がするのである。もとい、占いをすること自体が壮大な甘えではあるのだが、タロットの方が自分の中の矛盾や混沌をぶつけやすい、という感じがしてしまうのだ。

占いにまつわることで、私はいくつかの仮説を抱いている。たとえば「自由意志は『今この瞬間』にはほぼ発動しないが、長期的な遠投では、何かしら意味を持ちうる」という仮説である。さらに「認知のゆがみなど、自分にはわからない自分のなにごとかを変更することで、長期的な自由意志の遠投が可能になるのではないか」という仮説である。

かなり乱暴な話の飛躍で恐縮である。少し説明する。心理学でしばしば引き合いに出される「ジョハリの窓」という考え方がある。人間には「自分にわかっていて、他人にもわられている自分／自分にわかっていて、他人には知られていない自分／他人には見えているが、自覚できていない自分／他人にも自分にも見えていない自分」の四象限の「自分」があるというのである。私が無意識にタロットに問うのは、「今行動し、選択している自分において、自分のわかっていない自分が、何か変なことをしているのではないか」ということである。それを知ることができれば、行動を変えられる。では、その「何か変なこと」とは、何か。これは、一般道徳に照らして誤っていることはもちろん、他者との関係の中で無意識に傲慢なことをしていないか、とか、物事を極端に誤解していないか、とか、なにか気にしすぎている、または気にしなさすぎているのではないか、といったことである。ユング心理学でいう「シャドウ」のようなものを、私はタロットカードの中に見つけ出したがっているようなのである。

対人関係における間違い、自分の中での考え方のバランス、物事の捉え方のゆがみ。こうしたことは、一般道徳とは少し別のところにある。たとえば、あるWeb記事で読んだのだが、ツアーコンダクターの世界では、法曹関係者や教育関係者の団体旅行はあまり歓迎されないという。というのも、普段「正しさ」をもって任じている人々ほど、ひとたびハメを外すとなると、群を抜いてひどい醜態を演じることが多いのだそうだ。その宴会は暴れたり絡んだり、とにかくしっちゃかめっちゃかになる傾向がある。ゆえに普段「真面目なお仕事」の集団ほど警戒されるというのだ。こうしたアンバランスは、倫理や道徳のフレームでは捉えきれない。「普段からすこしハメを外しておいた方がイイですよ」というのは、世間知ではあるが、学校の道徳の教科書に載せるわけにはいかないのである。私がタロットに問いかけたがるのは、そうしたアンバランス、そうした「まちがい」だ。

自分が今、正しいと考えて選択したことがあるが、それは本当に「正しかった」のだろうか？　世間の人々に説明すれば十人が十人「それでいいと思います」と言ってくれるとしても、私自身の中の、私の人生の上での「正しさ」は、別の所にあるかもしれないのだ。それは私にも他人にもまだ見えていない、なにごとかである。タロットに限らず、私は占いにそれを教えてもらいたがっている。

そうした「まちがい」を変更したとして、近い未来に起こる出来事が即、変化するわけではない。ただ、たとえば自分の欲望や衝動を完全に抑圧して生きていった結果、ふとした弾みで犯罪に手を染めることになった、といった展開を、長い時間のあいだには、防げるかもしれない。これが、前述の「遠投の自由意志」である。一般に、長期的に意志を持ち続けるのは難しい。保険会社も、契約から数年したら自殺に保険金を支払ってくれる。自殺してお金を作ろう、というような究極に痛烈な「意志」でさえ、2、3年持ち続けることは困難なのだ。ただ、人生をよりよいものにしたい、自分や周囲の人々を幸福にしたい、自分を変えることができるとすれば、どう変えればいいのか、といった切実な疑問を抱き続け、問いかけ続けることができたなら、この人の人生はその「自由意志」のもとに、わずかずつでも、開かれうるのではないか。もし本当に「自由意志」があるのだとしたら、それは「今私は手を机の上で持ち上げたが、これは自由意志だ」みたいなことではないのではないか、と私は思うのだ。

「決定論か、自由意志か」という二択にする必要があるとは、私は思わない。あらかじめ運命が決まっているのか？　という問いには、「わからない」と応えるしかないように思う。入不二基義の運命論での「あるようにあり、なるようになる」という言い方は、私の感じている「運命」の感触に近いと感じる。今この瞬間に起こってしまっている（と私たちが感じる）ことは、「今この瞬間」には、すでに止められない。手遅れなのである。少し未来の事も多分、大方は手遅れだ。私たちは後追いで「これが自分の選択なんだな」と解釈するしかない。ただ、遠い未来の出来事については、「今」できることがあるのではないか、と私は想像しているのだ。では、遠い未来に対して今、なにができるのか。今どういう状態で、このままならどうなってゆくのか。このことに応えてくれるのがタロットだ、と私は感じているらしい。

ホラリーは「あるようにあり、なるようになる」、その道筋を教えてくれるだけのように、私には感じられる。「ここからどうなっていくのだろう？」と聞きたいだけの時は、私はホラリーに問う。そういうクセになっている。一方、「私自身、今なにか重要なことを見落としていて、行動や考え方を大きく変える必要があるのではないか？」という強い不安と疑問に苛まれたとき、私はタロットに問う。前者は、いわば、運命をありのままに受け取ろうとしている。後者は、運命を変えようとしている、ということなのだろうか。

人間は「自分の力で運命を決めたい、変えたい」と願う。いまうまくいっていなければ、自分の努力によってより幸福な状況へと変えたい、と強く願う。いまうまくいっていれば、「それは自分の努力の結果である」と考えたがる。「主体感」「自己効力感」と呼ばれるようなものを強く欲する。

しかしその一方で、人間は「運命を生きたい」とも、密かに願っている。

自分には使命があり、生きる意味があり、役割がある、と感じたいのだ。まるで運命がなく、未来が全く決まっていないとしたらどうだろう。タロットのスプレッドで何の絵柄もなく、真っ白なカードを並べられたとしたら、どう感じるだろう。「人生は自由だ！」という解放感を抱けるだろうか。否、自分の人生が空っぽのような気がして、虚無感と恐怖に震えるのではないか。「もし運命が全て決められているなら、人間は努力しないのではないか」と考える人もいる。でも、私は必ずしもそうではないだろうと想像する。もし仮に、この世のすべての生き物に運命というものが定められている、とわかったなら、人はどうするだろうか。私はドラゴンクエストというゲームが大好きなのだが、このゲームは変更不能の一本道のストーリーを展開していくだけのものである。老若男女の膨大な数のプレイヤーはそのことをよく知っていて、その上で一生懸命このゲームをプレイするのである。「先が知りたい」からだ。

運命は、あるのかないのか。あったとしたら、変えることはできるのか。その問いへの答えを、私は持っていない。しかしおそらく、あってもなくても、人間の生き方は変わらないだろう、と私は感じている。人間は自己効力感を求めると同時に、運命をもまた、求めているのだ。道徳や善悪は、前者に関連している。自己効力感、主体感と占い的な広義の道徳観は、分かちがたく結びついている。

「現代思想」の特集「倫理学の論点23」(２０１９年９月号)において、私は占いと倫理について考えた(『星占い的思考』所収)。しかしそこで考えたのは「占いを、外側から見たときの倫理」であった。その点本稿では、占いの「内側」にある倫理について考えている。私は倫理的に生きているかどうか。自分の行いが世の中の常識に照らして正しいかどうかは、論理的に考えればだいたい、わかるものである。しかし「正しいかどうか」の「正しさ」自体、私たちは完全に理解できているわけではない。世の中の、人生の、世界の「正しさ」には、既知の部分、未知の部分、そして、不可知の部分があるらしい。世界の「正しさ／間違い」には、たとえば自分が誰かを踏みつけにしていないか、無意識に自分をごまかしていたり、ある種の記憶を抑圧して目を背けたりしていないか、といったレベルから、「ベッドの間違った側から起きたのでは」のようなレベルまで、あらゆる段階が存在する。これを「倫理」と呼んでいいのかもはやわからないほど、広い範囲の「倫理」である。自分がどこかで何かを間違えていて、それをただせば、自分が恐れているようなことをできるかぎり、回避できるのではないか。直面している問題は解決できなくとも、いつか、より望ましい未来を招来できるのではないか。そうした思いが、タロットに向かって流れ込む。これは、ホラリー占星術では受け止めきれない問題であるような気がしてしまう。もとい、占おうと思って占えないわけではないが、タロットの方がより直接的に、より多くの「言葉」をくれる、というイメージを私は持っている。

こうしたイメージは「運命を自由に変える」ということとは、私は違うと感じている。私は運命を変えたいのではなくて、運命を探り当てたいのだろう。あるべき道を見失って、「正しい道はどの辺りにあるか」を見つけたいだけなのだろう。ドラクエ的運命の一本道には、「中断」がある。ある箇所で足踏みを続け、ずっと進めないまま終わる、という展開は可能なのだ。そこを脱したい時、次の町への道が見つからない時、「本当にこの道でいいのかな?」と不安になった時、私はタロットカードを並べたくなるのではないか。

かねてから面白いなと感じているのだが、占いは必ず「善いアドバイス」をくれるということを、多くの人が無条件に信じている。星やカードは、人にウソや間違ったアドバイスを与えない、ということになっている。「ハズレ」はあれど、「悪意」はないのだ。星の世界は神々の世界であり、神々は善であるから、人間に必ず善い導きをもたらす。では、タロットはどうか。タロットは人間の手が引き当てる。それは自分の中にいるもうひとりの自分であり、生きている限り自分を導き続ける「ダイモーン」の声である。ゆえに、本質的に自分のためにならないようなことは言わない。おそらく、そうした理由づけを、占い手も占われる側も、暗黙のうちに共有しているのかもしれない。占いの世界にはその内部に、滔々と不思議な「善」の論理、倫理観が流れている。

人生の疑問に胸が痛むのは、多くの場合、罪悪感によってではなかろうか。理不尽に傷つけられたことへの怒りよりも、自分が理不尽に傷つけたのではないか、その悪のためにいつか罰されるのではないか、という恐怖の方が、人間にとっては辛いものなのではないか。占いは、占われる側の正しさを無言のうちに問うてくる。これらはすべて、明文化された体系のようなものではない。誰に教わったわけでもないのに、多くの人がその立場や年齢によらず、ひろく自明の理として直観しているのである。こんなふしぎなことがあるだろうか。

正しさとは何か、良心とは何か。そのことが厳密に定義できないのに、人はできるだけ善く生き、善く生きたぶんだけ幸福になりたいと願い続けている。占いを前にした人間の心の純粋さ、直観的純良さは、もっとみなおされてもいいのではないか、と私は考えている。

死刑囚について語られたある記事の中で、死刑囚の多くが「もうひとつの許し」を求める、という話に衝撃を受けた。死刑囚は既に「死刑判決」という裁きを受けている。死刑という刑罰を受けることで、ある意味「償い」が行われることになる。だが、死刑囚達はそのほかにもうひとつ、許しが欲しいのだ。それは「天」の許しである。人知を超えた超越的なものからの許し、絶対的な許しが与えられるかどうか、それを気にするというのだ。

私たちは現実の日常を生きる。だが、その彼方にある「天」のようなものが自分たちを見ていて、できるならば「天」に許され受け入れられ、守られて暮らしたいと考えている。そのためには現世的なルール、日常の道徳、そしてなにかもっとほかの、もっと大きなきまりごとをも「まもっていたい」と考える。そうした直観のなかで生きている。占いは、そんな私たちの不思議な心の道徳律とつながっている。

少なくとも今の私には、そう感じられるのだ。

「占い」と「呪い」のあいだ

本稿は、２０２４年8月24日に東京アストロロジースクール主催で行われた、オンラインセミナーでの私の語りをもとに、書き下ろしたものである。

呪術という希望

まず、呪いとは何か、である。

分かっているようで分かっていない言葉が、占い周辺にはずいぶんある。たとえば「運勢」という言葉も、誰もどこでも習ったことなどないのに、ちいさな子供でもそれを理解して用いる。リンゴやバナナなどのかたちのあるものとは違い、単なる「概念」、それも科学的な教育現場では完全にオミットされるような概念を、どうしてさらさらと老若男女が理解して使うのか。考えてみれば不思議である。

広辞苑で「呪い」と引くと、「のろうこと」と出る。まあ、そのとおりである。

さらに「呪う」をひくと、

「怨みのある人に禍があるようにと神仏に祈る」

「一般に、憎く思う者がよい運命をたどらないようにと念じる」

「激しく恨み、悪く言う」

とあった。

では「呪術」はどうか。

呪術（magic）　超自然的存在や神秘的な力に働きかけて種々の目的を達成しようとする意図的な行為。善意の意図による白呪術（white magic）と邪悪な意図による黒呪術（black magic）とに分けられる。また専門の職能者に限られる呪術から、呪術とは明確に意識されていない、まじないの類まで多様である。

「magic」の訳語としての紹介だった。「呪う」は、基本的に「恨み、憎しみ、悪く言う」など、悪い意味が強調されている。しかし、これが「呪術」になると、一転してプレーンなものとなる。確かに「マジック」には、「悪」の意味は最初からくっついてはいない。使いようで、白黒、善悪が変わるのだ。

この広辞苑の項目を読んで思いついたのが「きゅうり封じ」という供養だ。私の親族の墓があるお寺で、毎年夏に行われている。この供養は弘法大師がつたえたもの、と言われており、各地の真言宗系のお寺に見られる。河童信仰と結びついている地方もあるらしい。

先日、たまたまきゅうり封じのタイミングで、親族が墓参りをした。そこで「ついでにやっておいてあげたよ」と言われた。私のために「きゅうり封じ」の供養をしてくれたというのである。

この供養は「氏名と数え年、そして願い事を書いた紙にきゅうりを包み、家に持ち帰り、身体の悪いところを撫でたあと、土の中に埋めると、病気を封じ込めることができる。土に埋められない場合は、寺に納める」という手順で行う。親族の家には庭はないので、お寺に置いてきたと言われた。

「願い事」は、病魔の退散である。そのお寺にはきゅうりが山と盛られた祭壇の脇に、様々な病気を一覧表にしたものが掲げられていた。その中から心当たりの病気を選んで、名前と一緒に紙に書くのである。私の親族は「あの人の病気は何だっけ」とその一覧を見ながら思いを巡らし、「そうだ、あの人は緑内障だった」と思いだしたという。確かに、私は緑内障の点眼をずっとやっている。親族は私の名前と「緑内障」と書いて奉納してくれたのだった。私は知らないあいだに、白呪術をかけられていたのである（！）。

ちなみに、緑内障は「眼圧が高い」という体質から起こるものである。放っておくとだんだん視野が欠けて、最終的には失明する。私の場合はかなり早期発見で、点眼を続けていれば、視野の欠損を食い止められるのだそうだ。ゆえに「治る病気」とは言えない。

真言宗は、呪術と関係の深い宗派である。このきゅうり封じという「呪術」には、「呪い」の悪い意味は含まれていないように見える。しかしよく考えると、そうでもない。というのも、なぜ、病をきゅうりに「封じる」ことができるのだろうか。私という人間がいて、病が私に外側からくっついた、つまり「取り憑いた」ものだからである。だからこそ、取り憑いた「それ」をもぎ取って、きゅうりに封じ込めて、それを土に返す、あるいは浄化する、冥界に返す、といったことができる。これはそういう仕組みの呪術なのである。

ここには、ある輝かしい思想がある。私にはそう思える。

それは、人間それ自体が、ひとつの完全な、きよらかな存在である、という思想である。本来完全体で、限りなくきよらかな存在の人間に、悪いものが外部からくっつく。そこではじめて、病気や不幸が起こる。ゆえに、くっついた悪いものを摑まえて、封じて、処理すれば、また元の完全な、きよらかなものに戻る、という思想なのである。

早すぎる死とか、予期せぬケガなども、この「くっついた悪いもの」に含まれる。これは日本では「ケガレ」と呼ばれ、これを「払う」ことで、もとのきよらかな自分に戻れる。命もまた、「天寿を全うする」ことが本来であり、この「天寿」は相当以上に長いものなのだ。その人が死んだその時が「天寿」ではなく、本来は全ききよらかな天寿が存在しているのだ。

この、人間は元々完全できよらかである、幸福でさえある、というイメージに、私は圧倒される。この思想の輝かしさ、神々しさに、心を奪われる思いがする。「玉のような赤ん坊」という表現がある。この通り、人間はまん丸に輝く玉のように完全なもの、という前提がそこにある。

京都には「縁切り寺」というものがある。清水寺のすぐ近くで、私もちらっとだけ見たことがあるが、怖くて入る気にはなれなかった。ＳＮＳで「あの寺には軽い気持ちで行ってはいけない、本当に怖いかたちで縁が切れるから」といった言説は、多くの「いいね」を集めている。また、京都の貴船神社は「丑の刻参り」で有名である。今は禁じられているそうだが、その存在は広く知られている。わら人形を五寸釘で打ち付ける。憎い相手、呪いたい相手がいての「呪術」である。

千代保《ちよほ》稲荷神社（岐阜県）には、たくさんの呪物が集まる、小屋のようなものがあるらしい。「靴、下駄、サンダル、スリッパ、靴下、パンティ・ストッキング、写真、人の形を描いた半紙、そしてワラ人形。（中略）顔・胸・下腹部に五寸釘を打ち込まれた水着姿のスナップ写真の下には、同じ女性の結納式・結婚式・披露宴での写真があり、顔の部分にはマジック・インクで×印が描かれていた」（小松和彦『呪いと日本人』角川ソフィア文庫）。

妬みそねみは呪詛、呪いのもっとも強い動機のひとつだろう。「ねたむ」のは、「自分にもそうした恩恵を受ける権利があったはず」という前提に立っている。恵まれた誰かを見て、「自分にあったはずの権利が奪われた」と考える。恋愛の嫉妬もそうである。もともと愛されるべきは自分である、という考えがまず、そこにある。「愛されるべき自分が、愛されていない」という理不尽に、怒りが生まれ、呪いに発展する。自分のものであったはずの愛を「奪われた」。奪った側が悪である。そういう考え方である。

これは、裏を返せば、「自分は愛されるべき存在である」という固い肯定感、信念の表れと言える。輝かしい「愛される権利」の意識である。どこからそんな信念が生じるのか、よく考えると、非常に不思議だと思わざるを得ない。前述の「人間はまず、完全な、幸福でさえある存在で、病気や死はそれに外側からくっついたものである」という考え方に、これは通じるものとは言えないか。

また「他人が持っているものは、自分も持てるはずだ」という考え方もあるのかもしれない。人間の観念のほとんどは、模倣と学習でできている。あの人の幸福、あの人の得ている愛、あの人の成功は、私のそれでもあり得る。なぜなら、同じ人間なのだから、ということである。

現実には、人間はおそろしく違いあっている。全く別々である。体質も、体型も、容姿も、性質も、賢さも、生育歴も、成功も不成功も、愛も夢も、みんな全然違っている。誰かが何かを持っていたとしても、自分もそれを持てるとは限らない。悲しいほどの不公平で、世の中は満ちあふれている。

たとえば前述の緑内障も、私はそれが「自分の持って生まれた体質だ」と考えている。元々健康なはずの自分の目に、厄介な病が取り憑いた、とは感じていなかった。自分自身の一部なのだった。

私自身の感覚としては、「自分が愛されるべき存在だとは、どうも、思えない」という気持ちでいる。好きな人が他の人を好きになっても「まあ、そうだろうな」としか思えない。「私が受け取るはずの愛を、他の人間が奪っていった」という発想は、私の中からは出てこない。ゆえに、呪いたいとか、恨みたいとかの感情は湧いてこない。呪う力を持った人は、自分への愛や恵み、幸福を信じられる人々なのである。つまり、「自己肯定感」に溢れる人だと言える。


〝これはおそらく、マリノフスキーが「魔術」に関して次のように述べたとき、彼の心のなかにあった考えであろう。

「その中に希望という崇高な愚かさが体現されているのを見るべきであり、それは今も人間性を知る上での最高の学び舎であり続けているのだ」〟

（ジョン・G・ゲイジャー編　志内一興訳『古代世界の呪詛板と呪縛呪文』京都大学学術出版会）


「希望という崇高な愚かさ」という表現は、私の感じた、呪術の背後にある肯定的人間観に通じる。

人生は自由に選択できるものとされている。しかし、現実には決してそうではない。生まれた場所から親、周囲の環境、時代等々、だれも自由に選ぶことができない。自分の適性も選べない。職業やパートナーは自由に選べるとされているが、本当にそうか。昨今、日本では「共同親権」が話題になっているが、もし本当に、人間が完全な自由意志で人間関係を選択できるならば、あんな法律はそもそも存在しないのではないか。人間は、本当に、悲しいくらい、いろいろなことを選べない。ただ「出会う」「めぐりあう」だけなのである。これはもちろん、極論である。しかし、そうしたキリのない人生の「どうしようもなさ」の中で、それでも「能動的になんとかしよう」とする人間のあがき、もがきが、「呪い」なのではないか。「呪い」には、人間の生命力の輝きが、つまり希望が詰まっている。

占いと呪い

前述の通り「自分ではどうすることもできないこと」が人生にはたくさんある。人生を呪いたいようなさまざまな偶然が降りかかってくる。

そこで「なぜそうなるのか？」という疑問が湧く。

自分のせいではないとすれば、多分、自分以外の誰か、何かのせいなのである。

たとえば「私はこのところ具合が悪いが、その原因は何だろう？」という問いがある。答えを提供してくれるのは、まずは常識である。「常識的に考えて、これはウイルスだろう」「悪性腫瘍だろう」などという答えが出る。この答えのもと、病院に出向き「これは、細菌性の○○ですね、お薬出しときますね」と言われる。これがひとつのルートである。

しかしここで、別のルートが発生する可能性もある。

「私はこのところ具合が悪いが、その原因はなんだろう？」。それを考えた時、ふと、ある人が自分をにらみつける顔が思い浮かぶ。あの人は私が最近、良い職を得たことを知って、態度が変わった。私を羨み、憎んでいるのだろう。もしかするとあの人が、私を呪っているのではないか？　こう考えて、この人は占い師の元を訪ねた。占い師はこの人に「それは、その人の念によるものかもしれませんね」と言った。「お祓いに行けば、きっと具合が良くなるはずです」。これが呪いのルートである。

もし、呪いのルートに乗り、お祓いを受け、そこで偶然、自然治癒力が発動し、あるいはプラセボ効果的なものが作用して、体調が回復したら、どうなるか。「やはり呪われていたのだ」という認識が、この人の心に、小さな根を張るだろう。次に体調不良や、予期せぬトラブルなどが起こったときに、「呪われて、お祓いで治った」という記憶が呼び覚まされるだろう。そして再度、この人は占いに行き、「呪い」を探ることになるだろう。

占いも呪術も信じない。けれども、自分の子供が重い病気になったなら、呪術でも何でもためしてみるだろう、という母親は、世界中にいる。マジカルなものを一切信じない人も、大切な人がひとたび、重病でも得れば、どんなにいかがわしいものでも「試してみたっていいだろう」と考える。呪術に「つかまる」瞬間である。

呪いは決して、遠くにあるものではない。

占いと呪いの作る物語（ナラティブ）は、ふとした瞬間にひとを搦《から》め取る。

前述の神社のように、今も「呪う人」は存在する。科学的理性が社会に浸透すればするほど、呪術のようなものは力を失っていく、と考えられているが、実はそうでもない。そのことを雄弁に語る一冊がある。藤原潤子著『呪われたナターシャ　現代ロシアにおける呪術の民族誌』（人文書院）である。

この本は2010年に出ていて、元となった論文は2005年のものである。著者がフィールドワークに出たのは2002年、その時点での「現在」であるから、今2024年にはどうなっているのかわからない。とはいえ、2010年でもそれなりに最近だと言える。少なくとも「古代」「中世」などの遠い過去ではない。科学技術は十分に発達し、みんながモバイル通信を利用する程度には「現在」である。

旧ソ連時代には、呪術どころか、宗教が否定されていた。共産主義は唯物論に立脚しており、無神論をとる。学校教育などでも宗教やまじないなどの迷信は明確に否定され、子供達もそれを受け入れた。誰も神秘主義など信じない、という世の中になった。

しかしロシアはもともと、ロシア正教が深く根付いた世界で、宗教が弾圧されたという状況は、国民としてはかなり苦しい部分もあったのだろう。ロシアの伝統的なシャーマニズムは、ソ連邦の激しい弾圧の中で静かに、水面下で生き延びていた。ゴルバチョフ以降、宗教弾圧は徐々に止み、１９９０年には信仰の自由を保障する法律が施行されると、その流れに乗って呪術もまた、息を吹き返した。つまり、科学的理性の浸透によって「宗教や神秘主義、呪術が死に絶える」ということには、ならなかったのである。

本書のタイトルになっている「ナターシャ」も、旧ソ連時代に教育を受けて育った人で、「自分は宗教や呪術は全く信じていなかった」と語る。しかし、自分の親族や自分自身に禍が起こり、それを呪術の文脈で語る人々が身近に現れると、徐々に呪術の物語、ナラティブに巻き込まれていく。お祖母さんの代から今の自分に至るまで、すべて周囲の人々の妬みや恨みが呪いとなって、不幸が生まれている、という物語が、そのまま人生の語りとなってしまう。幼い頃に「物知りのお祖母さん」にちょっとしたケガを治してもらったところから始まり、結婚後「姑に呪いをかけられ」たことで夫が「自分を愛しているのに、なぜか暴力をふるったり、浮気をしたりする」という状況が生じ、どうにもならなくなって離婚に至る。姑の呪いを振り切れないので、夫は「愛している」と言いながら、離れていくしかなくなってしまう、と彼女は言う。悲劇的である。彼女はその呪いを解くための「効く呪文」を、今も探している、という。ロシアのどこかに、より強力な「効く呪文」があるはずだ、と考えているのだ。この考えは呪術を信じるロシアの人々のあいだに、広く共有されている。雑誌やメディアなどに著名な呪術師が登場し、様々な呪文を教えてくれる。呪文だけでなく、たとえば墓場の土を用いたり、風呂場の土を用いたり、動物を用いたりする、といった施術法も共有される。

たとえばロシアでは多くの人がアルコール依存に苦しんでいる。それもまた、呪術のせいであるとか、呪術によって回復させることができる、と捉える向きがあり、多くの人がそうした呪文を求めているという。ひとつの呪文が効かなかったとしても、もっと効く呪文が、どこかにあるはずなのだ。

この話を読んで、私は『カラマーゾフの兄弟』の一節を思い出した。

キリスト教において、本当に信仰が深ければ、山に「動け」と命令すれば、動く、という教えがある。山が動かないのは、信仰が浅いからだ。この教義について質問されたカラマーゾフ家の使用人、またはカラマーゾフの兄弟かもしれないスメルジャコフは、こう応える。

「（前略）この地上全体に一人か、多くて二人くらいは、そんな人もいるかもしれませんが、それだってどこかエジプトの砂漠あたりで、こっそり行を積んでいるでしょうから、見つかりっこありませんよ」(ドストエフスキー著　原卓也訳『カラマーゾフの兄弟（上）』新潮文庫)。

するると、主人のフョードルは「ちょっと待った！」と言う。

「すると、山を動かすことのできる人間が二人はいるのか。お前もやはりそういう人間はいると思うんだな？　おい、イワン、おぼえておけよ、書きとめておくといい、まさにここでロシア人が顔をのぞかせたな！」

これは、信仰についての話である。だが、前述の「もっと効く呪文があるはず」という考えと、響き合っているように見える。遠く世界のどこかに「本物」の行者や魔術師がいて、その人ならば、山も動かせるし、どんな病気でもなおせるのだ。そういうイマジネーションは、ここで「ロシア的」と言われる意味を超えて、人間が深く、本性の中に持っているものなのではないかという気がする。

もちろん、呪術を信じるのは、ロシア人のマジョリティとは言えない。

この本で紹介されている、全ロシア世論調査センターというところが行った２００８年のアンケート調査では、神を信じると答えた人はロシア国民の73％、予兆を信じる人は18％、呪術を信じる人は７％、あの世を信じる人は７％、ＵＦＯと宇宙人を信じる人は６％

となっている。今ならもっと減っているのではないか。

ただ、たとえば今、ロシアは戦時中である。戦争の中では、呪術や占いはとても大きな力を持つ。大きな不安が世の中と人々を覆うので、人々はその不安からなんとか逃れようとして、溺れる者が藁をも摑むように、呪術や占いを求める。ゆえに、今現在、ロシアで呪術がどんなふうにもちいられているのか、気になるところではある。


〝自分たちが抱えている問題が、占い師の口を通して順序立って描写され（相談者たち自身知らず知らずのうちにそれに協力しているのだが）、明確な物語として提示されていくとき、相談者たちは自分たちがうすうす疑っていたことが、1つの現実として姿を現すのを目の当たりにする。彼らは妖術の物語をまさに生き始めている。〟

（浜本満著『信念の呪縛　ケニア海岸地方ドゥルマ社会における妖術の民族誌』九州大学出版会）


ケニア海岸地方ドゥルマ社会では、呪術が非常に深く浸透している。人の死や病気、家畜の死など、様々な禍が「誰かの呪いのためだ」という物語に落とし込まれる。妖術師や施術師が日常の中にあたりまえに存在し、だれもがその力を信じている。

生活の中でなにかしら、解きがたい問題やトラブルが起こると、人々は占い師のところにゆく。そして、その原因がどこにあるのかを探ってもらう。占い師は「近くに、悪意を持った者がいる」といった話を語る。「（前略）そいつは屋敷を結ぶ小道を通ってやってきた。遠くからやってきたとは言いますまい」。占いを依頼した人々は「ああ、あの人かもしれない」と脳裏に、身近な誰かの顔を思い浮かべる。

占いは呪いの物語を描き出す。この物語に、人間の心は巻き込まれていく。一度巻き込まれてしまうと、その物語はテンプレートのように、他の人生のさまざまな問題にも、どんどん当てはめられていく。

〝しかし勘違いしないようにしよう。占いそのものに物語を人々に押しつける力があるとか、占いが物語の究極の源泉であるとかいうわけではない。もし占いが「異星人によるマインドコントロール」とか「宇宙の悪しき波動」とかを災厄の原因として持ち出したり、「恨みを抱いて死んだ落ち武者の亡霊（中略）を供養して、お祓いしなさい」とアドバイスしたり、「2人の星座の相性が悪い」のだとか「心から相手に尽くせば気持ちは必ず通じます（相手に心から尽くしていないからうまくいかないのです）」などと言い出したとしたら、ドゥルマの相談者たちはポカンとしてしまうだろう。もちろんこれらはドゥルマの災いの物語のレパートリの構成要素ではないからである。〟（前掲書）

「2人の星座の相性が悪い」のだとか「心から相手に尽くせば気持ちは必ず通じます（相手に心から尽くしていないからうまくいかないのです）」とは、現代日本の占いの世界のレトリックと言えそうだ。ゆえに、この占いの「説明」は、人の心に容易にはまる。更に当たるも八卦当たらぬも八卦、占いの語りは「当たっていない、外れている、ピンとこない」と退けることもできる。

〝占いは人々が特定の災厄の物語で自らの経験を語り、再編していくうえできわめて重要な役割を果たしている。しかし必ずしも占いのみに、それらの物語が人々を呪縛していってしまう責任があるわけではない。〟（前掲書）

責任を「誰に帰すか」を考えれば、たしかにそうかもしれない。占いもその社会的な前提、常識、レトリックの中にしか存在し得ない。占いは社会の外部にあるわけではない。ただ、日々占いを書く側の私としては、この一文で何かが免責されたという気持ちにはならない。むしろ、自分がやっていることのネガティブな重みが、ずしりと増すのを感じる。

「悪い呪いを行う者」は、それがどこにいるだれなのか、基本的には秘匿されている。多くの人は悪い呪術師、ブラックマジシャンの存在を、具体的には知らないのだ。更に言えば、悪い呪術を使った呪術師がいたとしても、それを公に告白したりはしない。誰かを呪い殺そうとする人は、「自分がその人を呪った」ということを、誰にも知られたくない。呪いは秘密である。呪い殺したい相手はもちろん、第三者にも、誰にも知られたくない。呪った相手の身に何かあったとして、それが自分のせいだなどとは、決して疑われたくない。おそらくそのはずである。自分が相手を攻撃していると知られてもいいなら、呪いなどではなく、もっと別の、おおっぴらなやり方を選んだっていいはずだからである。直接殴りに行けばいいのである。

また「あの人が悪い呪いをかけたのだ」という告発も、存在するが、そう簡単ではない。少なくともドゥルマ社会では、呪いの告発は、かなり込み入った手順で行われる。

日本の古い時代にも、「あの人は呪詛を行った」と讒訴《ざんそ》され、刑罰を受けるなどした人々がいる。

〝たとえば、神亀《じんき》六年（七二九年）二月の、天武天皇の孫にあたる左大臣・長屋王の呪詛事件。長屋王が、「左道」つまり邪術を密かに学んで国家反逆を企てているという理由で聖武天皇の怒りをかい、天皇の命により妻子とともに自殺に追い込まれている。

（中略）呪いの共同幻想に取り憑かれている人びとは、自分や身近に生じた病気その他の災厄の原因を、呪いに求めることがあるからだ。

つまり、長屋王自身は呪いとはまったく関係がなかったとしても、聖武天皇おかかえの呪術的ボディガードである占い師が藤原氏にそそのかされて、天皇に生じた災厄を長屋王の呪いのせいだと占ったために、「呪い事件」が発覚した、ということも考えられる。事実、記録によれば、数年後に長屋王は無実であったことが判明したという。〟

（小松和彦著『呪いと日本人』角川ソフィア文庫）

ここでは明確に、占いが、ありもしない「呪い」をうたったのである。そして、呪いの物語に多くの人を巻き込み、犠牲者が出た。悪い呪いは、それがあったのかなかったのか、よくわからないのである。ただ「それがあったかもしれない」という占いだけがある、というケースが、多分、多々あるのである。

もし、悪い呪いがかけられたとしても、呪われた本人がそれに気づかなければ、呪いの物語は発動しない。「呪われる」という恐怖、不安は生じない。「呪われているのかもしれない」「自分は呪われている」というナラティブは、呪いの有無とは直接には、関係がない。

呪われていなくても呪われてしまう人はいる。そこにはしばしば、「あなたは呪われている」と語る占いがある。占いがなければ、存在しなかった呪いがあるのだ。おそらく、膨大にあるのだ。「私は呪われているのでしょうか?」「そうですね、あなたは呪われていますね」このやりとりひとつで、新しい（幻の）呪いができあがるのだ。

そう考えると、占い自体がひとつの呪いである、と思えてくる。たとえば占い師に「あなたは結婚できませんよ」と占われ、それを信じるともなく信じて、結婚のチャンスを模索しないままに一生を終えたら、どうだろう。その占いは呪いにひとしいものではなかったか。一方で「あなたには必ずチャンスが来ますよ」という占いを信じて、努力を重ねて成功した人がいれば、これもまた「白い呪術」だったと言えるかもしれない。

祈りと呪い

最近の日本社会では「呪い」という言葉は別の用法で用いられることがある。たとえば親や大人達からの「あなたなんかに特別なことはできない」「女の子なのだから勉強しても無駄」「早く結婚しなさい」等々、伝統的な価値観の押しつけを「呪い」と称し、こうした「呪いを解く」ことを勧める言説がある。

「呪い」は悪い祈りのようなものだと考えられている。しかし、少なくともこれらの「呪い」は、本人は善意で発していることがほとんどであろうと思う。「眠り姫」のお話で、姫の誕生祝いに招かれた妖精達が、次々に姫に魔法をかける。美しさや美徳などを「贈り物」として授けるのである。すると、招かれなかった妖精が現れて怒りを発し、彼女に死の呪いをかける。しかしもうひとり、まだ贈り物を授けていなかった妖精が、死の呪いを「眠り」に置き換えてくれるのである。白い呪術と黒い呪術が、短いシーンの中で、複雑に闘わされている。

古代ギリシャ、ローマ時代に呪いに使われた「呪詛板」が、後の世で多く発掘された。井戸に沈められたり、道や墓地に埋められたりした呪物である。金属板や石などに、呪いの呪文が刻み込まれ、それが縛られたり、釘を刺されたりした、かなりおどろおどろしいものである。呪いの依頼人がいて、専門家がこれを作ったと考えられている。私は大英博物館で、この実物を目にしたことがある。刻まれた「呪い」の内容が面白すぎて、これを読むだけで私の大英博物館訪問は終了した（！）。

そこには愛の呪い、競争相手を負かそうとする呪い、盗まれたものを取り戻そうとする呪い、敵を殺そうとする呪いなど、様々な呪いが刻み込まれていた。現代の人々と変わらない哀切な思いや激烈な怒り、なんとかしてほしいという切迫した願望が満ちあふれていた。遠い古代に生きた人々の息吹に直接触れるような気がした。

それらの呪いの多くは、神々の名前と共に綴られていた。ヘラやヘカテ、プルートーなど、神の名のもとに呪詛が行われている。呪いは、神々への祈りなのだ。祈りと呪いを区別しようとする向きはあるが、日本でも呪詛は神社仏閣で行われる。「呪詛祈願」であり、呪いと祈りの境界線は、どこまでも曖昧なのだ。

呪う人々は必ずしも、自分が悪いことをしているとは思っていない。むしろ、自分には呪うだけの正当な権利があると考えている。呪いの多くは、復讐なのだ。愛を奪われたり、大事なコートや帽子を奪われたりして、まず被害を受けた自分がいる。そこで、その被害を補償してもらうために、神々に訴え出るような「呪い」が多く見られるのである。仕返ししてほしいのである。そこでは、自分は「悪い呪いをかける者」ではない。無辜の善人、か弱い善人なのである。

これらの呪詛板の存在を、呪いの呪文とともに書き込まれた「呪われた人々」は、おそらく、知ることはなかっただろうと思う。呪った、というそのことだけで、満足した依頼人も多かったに違いない。

『信念の呪縛』の「あとがき」に、とてもおもしろいことが書かれている。
フィールドワークの中で、著者は現地の人から「日本には妖術使いはいないのかい？」と何度も聞かれた。「日本にはもう妖術使いはいないよ。ずっと以前にはいたそうだけど」（これは厳密にはちがうかもしれません）と応えると、相手は「そうか。日本はいいところだな」と言った。ドゥルマの人々も、妖術使いがいることに悩んでいるのだった。恐れているし、それに振り回されることに怒りや疲れを感じている、ともとれた。ゆえに、妖術使いが「告発」されるし、禁止されたりすることにもなる。ただ、告発や禁止によって妖術使いがいっさいいいなくなる、というわけではないのが、呪術の困ったところなのである。

ドゥルマの社会では、人々が密接に関わり合い、互いに助け合って暮らしている。しかしその「助け合い」は、それほどほのぼのとしたやさしいものではない。

〝彼らは何か援助を求める際に、なんだかやたらと態度がでかい（個人の感想です）のだ。最初は不愉快な気分にすらなった。（中略）「さてこの問題に対して、お前には何ができる？」などと上から目線で（個人の感想です）聞いてくるのである。援助せざるをえないような気分に追い込まれしぶしぶ援助すると、一応礼は言うが、まるで恐縮したふうもなく、出されたお茶のお代わりを要求し、砂糖をスプーンに5杯も入れて、上機嫌でおしゃべりして帰っていく。とても援助してもらった者の態度じゃない（個人の感想です）。〟（『信念の呪縛』）

ドゥルマの社会の「助け合い」は、思いやりとか、親切心とかではなく、ある種の権利や義務の感覚に近いようだ。誰かがものをたくさんもっていたら、それはその人のものではなく、その人に関わるみんなのものなのだ。ある人の力は、その人に関わるみんなの力なので、独り占めするのは「悪」である。分かち合うのが「ふつう」「あたりまえ」なのである。

この社会で誰かが呪術を使ったのではないかと想定する時、その動機は「妬みだろう」と想定されるのは、そのためである。こう考えると「妬み」という言葉自体が、別の感触を持ち始める。少なくとも、現代の日本を生きる私たちのイメージする、どろどろした「妬み」とは、何か別のものである。

このことは、先に述べた「呪う人は、自分にある種の権利があり、それを剥奪された、侵害されたと考えている」ということに通じるように思う。ドゥルマ社会の「嫉妬」は、私たちの思う「嫉妬」とは、かなり違っていて、それは「非難」に近いのではないか。ここにも、道徳的な感覚、公平や公正さの感覚が流れている。

善く正しくありたいという願い、本来自分は全き幸福なものであるという信念。「呪い」は、実は様々な、美しい感情のもとに生まれているように思われる。

しかしその物語は、「占い」と絡み合いながら人間を捕まえ、一度捕まえると、なかなか放してくれない。人が人生を、運命を捉える「物語（ナラティブ）」にコミットするということは、一体どういうことなのか。占いを書くという営み、人々が占いを求める心のありようを、改めて重く、考えさせられるのである。

まだ私には、その答えを見つめる勇気がない、ということなのかもしれない。

おわりに

本書は「群像」に２０２２年４月号から２０２４年６月号にわたって連載された「星占い的思考」を大幅改稿の上、まとめたものである。さらに「ユリイカ　総特集＊タロットの世界」２０２１年12月臨時増刊号から一篇、そして書き下ろしを一篇収録している。連載は２０２０年４月号から始まっており、同じく連載をまとめた第１作『星占い的思考』に続く第二弾となる。連載も有り難いことに5年目に突入した。連載をご愛読くださっている読者の皆様、そして前作『星占い的思考』をお読みくださった皆様に、深く感謝を申し上げたい。

前作は12星座を章のように立てて、そこに各連載の内容を仕立て直して割り付けた。今回もそのような方法を採ろうかと思ったが、元々の連載が「その時期の星の動きと、その時期の世の中のムードを重ね合わせて語る」という内容だったため、やはり無理が生じた。

ゆえに、今回は前半のみを前回同様「12星座」で語り、後半は様々な星占いの手法、カテゴリなどを取り上げて、バリエーションを出してみた。星占いを全く知らない方でも、ある程度以上に楽しめるように工夫したつもりである。

2022年からの2年は、戦争の時間だった。少なくとも私の目にはそう映っていた。ゆえに連載の内容も、戦争にまつわるものが非常に多い。ロシアのウクライナ侵攻、イスラエルのガザ地区への攻撃が、常に念頭にあった。第二次世界大戦後の文学は、多くが戦争の文学であり、何度も何度もそこに立ち返ることになった。「少しは違ったジャンルのものを」と思っても、結局そこに引き戻される。とにかく早く戦争が終わってほしい。人間は虐殺をやめなければならない。焦燥、無力感、罪悪感の中で原稿を書いていた。

思えば連載開始から「コロナ禍」で、その次が「戦争」である。なんという4年間だろう。

もしこれからも、この連載を続けさせて頂けるなら、未来にはもう少し明るい、罪の無いものも書いてみたい。花や海や、美しいもののことも書いてみたい。それがゆるされる時間が、早く巡ってきてほしい。星占いにはもっと、キラキラした素晴らしいものも、たくさん詰まっているのだ。

ふたつめの大きなチャンスをくださった戸井編集長、毎回心のこもった感想で原稿を受け止めてくださった編集部の中野さん、今回もややこしい単行本化に確かな仕事で支えてくださった斎藤さん、今回も素晴らしい装丁で世に出してくださった名久井直子さんに、深くお礼を申し上げたい。また、本作の最後の2章は、占星術研究家の鏡リュウジ先生から機会を頂いて生まれたものだった。先生にはもうずいぶん長くお世話になっており、いつも多くのことを教えて頂いている。なので勝手に「師」だと思っている（もとい、こんな出来の悪い弟子を持った覚えはないと言われそうである。あくまで私が勝手にそう思っているだけである）。先生にも、心から感謝を申し上げたい。

２０２４年９月６日　満ちてゆく天秤座の月の下で

石井ゆかり

初出

12星座　さまざまな星、星座　「群像」２０２２年4月号〜２０２４年6月号

占いの内なる道徳律　「ユリイカ　総特集＊タロットの世界」２０２１年12月臨時増刊号

「占い」と「呪い」のあいだ　書き下ろし

石井ゆかり　（いしい・ゆかり）
ライター。星占いの記事やエッセイなどを執筆。「12星座シリーズ」（WAVE出版）は120万部を超えるベストセラーに。『愛する人に。』（幻冬舎コミックス）、『夢を読む』（白泉社）等、著書多数。累計発行部数は520万部を超える。

星占《ほしうらな》い的《てき》時間《じかん》

2024年11月26日　第一刷発行

著　者　石井《いしい》ゆかり

発行者　篠木和久
発行所　株式会社講談社
〒112－8001　東京都文京区音羽2－12－21
出版　03－5395－3504
販売　03－5395－5817
業務　03－5395－3615
印刷所　株式会社KPSプロダクツ
製本所　株式会社国宝社
本文データ制作　講談社デジタル製作

ISBN 978-4-06-537508-2

KODANSHA